Maximilian Rombold

Die Gastronomie und das Finanzamt: Für Wirte ein rotes T(B)uch

Maximilian Rombold

Die Gastronomie und das Finanzamt: Für Wirte ein rotes T(B)uch

Dieses Buch enthält speziell für Gastwirte
zusammengestellte Auszüge aus den Büchern
„G'schichten vom Finanzamt", nämlich
Band 1 „Schlaumeier, Schlitzohren, Steuerhinterzieher"
Band 2 „Schlawiner, Scharlatane, Schwarzgeldsammler"
Band 3 „Schwadroneure, Scheingefechte, Steuerschwindler" und
Band 4 „Schummeleien, Staatsbetrüger, schwedische Gardinen",
aber auch einige neue, bisher unveröffentlichte Geschichten
mit Gastwirten und dem Finanzamt als Hauptdarsteller

von Maximilian Rombold

mit Karikaturen von Klaus Pitter.

VHJ
VERLAGSHAUS JAKOMINI

Die Gastronomie und das Finanzamt: Für Wirte ein rotes T(B)uch
Maximilian Rombold
November 2018

8045 Graz, Nordberggasse 6
Telefon: +43 316 820233
E-Mail: office@verlagshaus-jakomini.at
www.verlagshaus-jakomini.at

Texte: Maximilian Rombold
Illustrationen: Klaus Pitter
Lektorat: Martin Moll
Grafik: Teye Obahi Akunor
Herstellung: Grafički zavod Hrvatske d.o.o.

ISBN 978-3-902920-27-0

Inhaltsverzeichnis

Vorwort

Mit „Die Gastronomie und das Finanzamt. Für Wirte ein rotes T(B)uch" halten Sie nun speziell für Gastwirte zusammengestellte Auszüge aus der Trilogie
„G'schichten vom Finanzamt, Schlaumeier, Schlitzohren, Steuerhinterzieher"
„Schlawiner, Scharlatane, Schwarzgeldsammler"
„Schwadroneure, Scheingefechte, Steuerschwindler"
und **„Schummeleien, Staatsbetrüger, schwedische Gardinen"**
in Ihren Händen.

Der aufmerksame Leser wird nun einwenden, dass eine Trilogie ja aus drei Teilen besteht, hier aber von vier Büchern die Rede ist.

Das ist grundsätzlich richtig. Allerdings habe ich als tüchtiger Finanzbeamter gleich die Mehrwertsteuer dazugerechnet. Dass der Steuersatz dabei großzügigerweise mit 33,33 Prozent angesetzt wurde, ist einer besonderen fiskalischen Grundtendenz geschuldet.

Neben bereits veröffentlichten Geschichten von gefinkelten Gastwirten, schlitzohrigen Schwarzbrennern, phantasiebegabten Bäcker- und Fleischermeistern, ungeschickten Hendlbratern und schlampigen Buschenschankbetreibern wird sich der Leser auch an einigen unglaublichen neuen Anekdoten delektieren können. Weltfremde Hüttenwirte kommen ebenso vor wie großzügige Würstelstandbetreiber, italienische und österreichische Finanzamtskantinen, attraktive Chinalokalbetreiberinnen, aber auch Wiener Vorstadtbeiseln, einfache Landgasthäuser sowie exquisite Haubenlokale und Hotels und sogar billige Absteigen. Allen ist gemeinsam, dass sie stets gern für ihre Gäste da sind. Nur Besuch vom Finanzamt bekommen sie nicht so gern.

Auf der anderen Seite wird Einblick in die Tätigkeit einfallsreicher Betriebsprüfer und Finanzstrafreferenten gewährt, somit von Personen, die meist korrigierend in das allzu schamlose Treiben der Wirte eingreifen. Dies führt dazu, dass die Gastronomen aus der Auseinandersetzung mit der Finanz in der Regel nur als „zweiter Sieger" hervorgehen.

Die Gastronomiebranche ist eine schier unerschöpfliche Quelle für skurrilste Steuergeschichten. Unerschöpflich ist sie auch für den Fiskus. Es muss nur ordentlich gebohrt werden, damit sie ausgiebig sprudelt.

Eine bekannte deutsche Generalbundesanwältin hat in einem Vortrag einmal erwähnt, dass für die Finanz in der sogenannten BMW-Branche besonders viel zu holen sei, nämlich bei Bäckern, Metzgern, Wirten. Insofern ist der Begriff des „Gastronomen" in diesem Buch durchaus großzügig auszulegen.

Ein unverzichtbares, aber auch humorvolles Werk für jeden Gastronomen, der gewillt ist, den Umgang mit der Finanz zu optimieren und dabei auch herzhaft zu lachen.

Besonderer Dank gilt allen, die am Entstehen dieses Buches mitgewirkt haben.

Unvergesslich sind dabei die Worte eines gefürchteten Betriebsprüfers vor Beginn einer Gasthausprüfung: „Ich weiß zwar noch nicht, was ich suche, aber ich weiß hundertprozentig, dass ich es finden werde."

Kapitel 1

Das leidige Thema Registrierkasse

Keine Registrierkasse

Der Verfasser dieses Buches äußerte gegenüber einem Steuerberater die Vermutung, dass mit der Einführung der Registrierkassenpflicht die Umsätze in der Gastronomie exorbitant ansteigen würden, was wohl ein untrügliches Zeichen dafür sei, dass in registrierkassenlosen Zeiten eben nicht immer alles deklariert worden sei.

„Ja, selbstverständlich, Herr Hofrat", antwortete der Berater. „Man muss nämlich bedenken, dass es im Jahr 2016 in Österreich eine Steuerreform gab, die seither den Konsumenten mehr Geld im Börserl lässt. Und außerdem haben sich die Treibstoffpreise extrem verbilligt. Und all dieses Geld wandert eins zu eins in die Gastronomie, was dort selbstredend zu höheren Umsätzen führt."

Sein Sohn, ebenfalls Steuerberater, präsentierte eine noch überzeugendere Erklärung: Zahlreiche Wirte, so meinte er, würden sich eine Registrierkasse wegen der hohen Kosten erst gar nicht anschaffen und daher ihren Betrieb zusperren. Bei insgesamt gleichbleibender Gästezahl würde auf den einzelnen Wirt natürlich ein höherer Umsatz entfallen.

Leider sind die beiden Steuerberater keine besonders guten Schauspieler, waren doch ein Blitzen in ihren Augen und ein spitzbübisches Grinsen kaum zu übersehen.

Es gab ja auch Zeiten, in denen die Verwendung einer Registrierkasse noch nicht verpflichtend war.

Und noch (k)eine Registrierkasse

Ein junges dynamisches Ehepaar betrieb ein kleines Gasthaus. Er führte den Betrieb, sie die Aufzeichnungen. Und dann kam eine Betriebsprüfung. Der ebenso dynamische und engagierte Prüfer erklärte dem Ehepaar, welche Bewandtnis es mit einem Kassasturz habe. Nachdem der Prüfer zwei Stunden seiner wertvollen Dienstzeit geopfert und dem Ehepaar anhand mehrerer Beispiele und nach Verbrauch zahlreicher Schmierzettel die Systematik verständlich erklärt hatte, entgegnete der Unternehmer: „Nein, das ist mir zu hoch. Mit dem Käse hören Sie auf. Wir kaufen eine Registrierkasse."

Die nächste, an Frivolität wohl kaum zu überbietende Geschichte wurde dem Autor von einem ihm namentlich bekannten Gewährsmann erzählt.

Eiskalt erwischt

Eine alltägliche Situation in einer Eisdiele: Bestellt werden zwei Tüten Eis um insgesamt 6 Euro. Es wird bezahlt, die Verkäuferin wirft das Geld in eine Schachtel. Sie bedankt sich freundlich und schickt sich an, den nächsten Kunden zu bedienen. Auf die Frage des Kunden, ob es eigentlich auch eine Registrierkasse gäbe, verkündet sie voll Stolz: „Ja, natürlich." Darauf der Kunde: „Dann wäre es aber nicht schlecht, wenn Sie den soeben erzielten Umsatz auch eingäben." Sie holt dies nach und fragt verwundert: „Ach, Sie brauchen eine Rechnung?" Erst jetzt wird dem Kunden der Beleg ausgehändigt.

Einige Woche später, dieselbe Eisdiele und derselbe Kunde, der beobachtet, wie keiner der vor ihm bedienten Kunden einen Kassenbeleg erhält. Und selbstverständlich fristet auch die zweifellos vorhandene Registrierkasse ein eher beschauliches Dasein, soll heißen, sie ist permanent arbeitslos. Da hinter diesem Kunden noch einige andere Eisliebhaber auf die heißbegehrte kühle Köstlichkeit warten, kann es sich der Kunde nicht verkneifen, besonders laut und somit für alle hörbar zu fragen, ob die oberhalb der Eisbehälter angebrachte Registrierkasse für einen bloßen Ziergegenstand nicht doch etwas zu teuer sei. Was folgt, ist die schon vom letzten Mal bekannte Gegenfrage: „Ach, Sie brauchen eine Rechnung?"

Schauplatzwechsel: Ein paar hundert Meter entfernt befindet sich der nächste Eisstand desselben Unternehmers. Der Kunde beobachtet im Vorbeigehen exakt dieselbe Situation: Eis wird verkauft, Kunde bezahlt, Verkäuferin wirft Geld in die Schachtel, bedankt sich, Kunde geht weiter. Registrierkasse? Beleg? Fehlmeldung!

Die Registrierkasse als bloßer Ziergegenstand

Ein Jahr später war es Zeit nachzusehen, ob sich etwas geändert hat. Der genaue Beobachter begab sich zu einer weiteren Filiale desselben Unternehmers, bestellte, bezahlte eine Tüte Eis und ging. Belegerteilung? Ach woher! Verwendung der Registrierkasse? Fehlmeldung. Als er schon bei der Tür draußen war, fiel ihm, ganz in der Manier des Inspektors Columbo, noch etwas ein und er kehrte zurück. Auf Befragen der jungen Verkäuferin, ob sie denn nicht jedem Kunden unaufgefordert einen Beleg auszuhändigen habe, antwortete diese glaubwürdig, dass ihr der Vorgesetzte bei der Einschulung dezidiert erklärt habe, dass Belege nur auf ausdrücklichen Wunsch des Kunden zu übergeben seien. Da die Zahl jener Kunden, die tatsächlich einen Beleg verlangen, vermutlich gegen Null tendiert, ist anzunehmen, dass die Registrierkasse mangels Verwendung genauso kalt war wie das wirklich hervorragende Eis. Der einzige steuerliche Sinn ihrer Anschaffung besteht offensichtlich darin, dass Erzeuger und Händler hoffentlich anlässlich des Verkaufs Körperschaftsteuer entrichtet haben. Als bloßer Ziergegenstand scheint sie doch etwas teuer und es hätte ein schöner Blumenstock denselben Zweck ebenso erfüllt und das noch dazu kostengünstiger.

Der Unternehmer spekuliert offenbar bewusst darauf – sollte er tatsächlich kontrolliert und auch erwischt werden – mit einer lächerlichen Geldstrafe von üblicherweise 300 bis 500 Euro pro Delikt sanktioniert zu werden, wobei die Nichtverwendung der Registrierkasse und die Nichterteilung eines Belegs jeweils eigene Delikte sind. Angesichts der durch dieses Verhalten bewirkten Steuerersparnis erscheinen solche Bestrafungen leicht zu verkraftende „Peanuts" zu sein. Im Hinblick auf die zahlreichen diesbezüglich gesetzestreuen Unternehmer ist es aus Wettbewerbsgründen überlegenswert, die gesetzlichen Voraussetzungen dafür zu schaffen, derartige Betriebe zumindest bei wiederholten Verstößen gegen die Registrierkassen- und/oder Belegerteilungspflicht für einen gewissen Zeitraum zu schließen. Anders scheinen die einschlägigen Bestimmungen in diesem Land nicht durchsetzbar zu sein.

Der Gewährsmann, von dem diese Geschichte stammt, kennt den Unternehmer persönlich und traf ihn einen Tag nach dem Eiskauf in eben dieser Filiale. Seine Antwort: Ach geh, wegen 1,50 Euro. Der Mann hat ihm geantwortet, dass es nicht 1,50 Euro waren, sondern 6 und abgesehen davon auch 1,50 Euro einzutippen sind. Die Verkäuferin stöberte daraufhin im Mistkübel und holte einen Beleg vom Vortag über 6 Euro heraus, der angeblich jener des Gewährsmannes war. Aber selbstverständlich konnte es der nicht sein, weil die Zeit nicht gestimmt hat. Antwort des Unternehmers: „Ja, dann muss ich halt die Zeit ändern". Unser Gewährsmann hat ihn dann noch mit der Aussage einer anderen Verkäuferin konfrontiert, wonach Belege nur auf ausdrücklichen Wunsch des Kunden auszuhändigen sind. „Das geht natürlich nicht", hat er gemeint.

Böse Zungen behaupten, der Unternehmer könne gar nicht anders. Er hätte nämlich vor einigen Jahren eine Betriebsprüfung über sich ergehen lassen müssen, die zu einem siebenstelligen Mehrergebnis führte. Dem gewieften Steuerberater sei es aber im Rechtsmittelverfahren vor dem Bundesfinanzgericht durch geschicktes Argumentieren gelungen, das Mehrergebnis auf einen nahezu vernachlässigbaren Betrag zusammenschmelzen zu lassen.

Würde der Unternehmer nun (nahezu) ausnahmslos alle Umsätze in die Registrierkasse eintippen, den Kunden Belege aushändigen sowie alle diese Umsätze auch in sein Rechenwerk aufnehmen, so würde sich der nächste Betriebsprüfer wohl über einen erklecklichen Umsatzzuwachs wundern und sich die Frage stellen, ob das ursprünglich siebenstellige Mehrergebnis nicht doch zu Recht festgesetzt worden war.

Aber es geht auch anders: Dem Autor ist ein anderes Eislokal bekannt. Dort klebt vor der Eisvitrine ein großer Zettel mit der Aufforderung, den von der Maschine ausgespuckten Beleg doch mitzunehmen.

Belegerteilung oder nicht, das ist hier die Frage.

Zweierlei Kunden

Wie oben ausgeführt, gibt es vorbildliche Gastronomieunternehmer, die sowohl ihre Registrierkasse verwenden als auch Belege ausgeben. Und dann gibt es solche, für die die Begriffe Registrierkasse und Belegerteilung Fremdwörter zu sein scheinen. Aber auch dazwischen gibt es noch etwas: Ein Steuerberater verbrachte seinen Urlaub in einem westösterreichischen, hauptsächlich von Chinesen und Japanern frequentierten Urlaubsort. Als er dort ein Lokal besuchte, bekam er einen fein säuberlich von der Registrierkasse ausgedruckten Beleg. So weit, so gut, möchte man meinen. Aber er machte eine durchaus interessante Beobachtung: Keiner der chinesischen oder japanischen Gäste hatte einen Beleg erhalten. War auch schwer möglich, weil für diese Kunden gar kein Umsatz eingetippt worden war. Der Leser möge die Frage nach dem Sinn dieser unterschiedlichen Gästebehandlung selbst beantworten.

In der Höhle des Löwen

Finanzbeamte sind ja praktisch immer im Dienst. Auch wenn sie als Privatpersonen steuerlich relevante Beobachtungen machen, finden diese mitunter einen schmerzlichen Niederschlag in den Steuerakten der Betroffenen.

Ein Teamleiter der betrieblichen Veranlagung nimmt sein Mittagessen üblicherweise in der von einem privaten Unternehmer betriebenen Kantine des Finanzamtes ein. Im Lauf der Jahre glaubte er durch intensive Beobachtungen festgestellt zu haben, dass die Kundenfrequenz – es speisten dort nicht nur Bedienstete der Finanzverwaltung, sondern auch zahlreiche in der näheren Umgebung des Finanzamtes bei diversen Betrieben Beschäftigte – stark angestiegen war. Zufällig war der Teamleiter auch für den Steuerakt des Kantineurs zuständig und so stellte er fest, dass die deklarierte Umsatzsteigerung nicht mit jener Schritt hielt, die er glaubte beobachtet zu haben. Sich etwas naiv stellend, unterhielt er sich völlig privat mit einer Angestellten des Kantineurs. „Naja, Sie werden wohl an die 200 Essensportionen pro Tag verkaufen", fragte er. „Nein, es sind so täglich um die 300", entgegnete diese. „Und wie hoch ist Ihr täglicher Umsatz?", fragte er neugierig weiter. „Der Chef hat gesagt, das dürfen wir nicht sagen", war die ehrliche, aber den Verdacht des Beamten immens verstärkende Antwort.

Somit stand sein Entschluss fest: Der Betrieb gehört geprüft. Da aber am gesamten Finanzamtsstandort kein Prüfer zu finden war, der bereit gewesen wäre, den Kantineur zu prüfen – sämtliche Prüfer waren begreiflicherweise befangen – entschloss man sich im Rahmen der sogenannten Nachbarschaftshilfe dazu, einen Prüfer aus einem anderen Bundesland heranzuziehen. Dieser setzte sich einige Tage in die Kantine und beobachtete das rege Treiben. Auch in ihm keimte der Verdacht auf, dass möglicherweise nicht alle Erlöse ihren Niederschlag in der Steuererklärung gefunden haben könnten. Gute Geister unter seinen Kollegen hatten durch Zufall im Mülleimer jene Kassenbelege eines kürzeren Zeitraums entdeckt, die für die Kunden bestimmt, von diesen aber zurückgelassen worden waren. Andere hilfsbereite Kollegen hatten in so manch unbeobachtetem Moment etliche von der Registrierkasse in rauen Mengen ausgespuckte, bereits lange Schlangen bildende Kassenbelege an sich genommen, die ohnehin bloß zur Vernichtung bestimmt waren. Und nun konnte der Prüfer ans Werk gehen. Doch zu seiner größten Überraschung fand sich unter den unzähligen ihm zur Verfügung stehenden Kassenbelegen kein einziger, der nicht im Rechenwerk erfasst gewesen wäre. Welchen Schluss zog er daraus? Entweder hatte er die Belege der „falschen" Zeiträume gesammelt oder der Kantineur war tatsächlich einer der raren steuerehrlichen Gastronomen, der sich in der Höhle des Löwen nicht getraute, Steuern zu hinterziehen. Eine Feststellung war jedoch gesichert: Sein Handwerk, gemeint ist das kulinarische, verstand er bestens.

Nur mittelbar mit der Gastronomie zu tun hat die folgende, äußerst delikate Geschichte:

Tipp zur Steuerhinterziehung von einem kompetenten Herrn

Ein Steuerberater traf sich mit einem seiner Kunden zu einem Geschäftsessen in einem Restaurant. Nach einem Gang zur Toilette brachte er eine Rechnung mit, die offensichtlich andere Gäste auf ihrem Tisch zurückgelassen hatten. Verschmitzt bemerkte er zu seinem Klienten, dass Letzterer diese Rechung bei seinem als Einzelunternehmen geführten Softwarehandel absetzen könne und zwar selbstverständlich zusätzlich zur Rechnung für die tatsächlich erfolgte Konsumation, die er als Geschäftsführer einer GmbH für das erwähnte Geschäftsessen zu zahlen haben werde.

Der offensichtlich, was die Gesetzestreue betrifft, im Vergleich zum Steuerberater etwas seriösere Unternehmer erwiderte, dass das keine besonders gute Idee sei. Moderne Registrierkassen würden nämlich nicht nur das Datum, sondern auch die exakte Uhrzeit des Bezahlvorganges speichern und auf dem Beleg ausdrucken. Und kein Finanzamt der Welt würde ihm abnehmen, dass er zur selben Zeit zweimal gespeist hätte.

Der offensichtlich ziemlich durchtriebene Steuerberater entgegnete wiederum, dass das wohl richtig sei. Entdeckt werden würde die Sache, so warf er ein, allerdings nur, wenn beide Betriebe gleichzeitig geprüft würden. Und auch nur dann, wenn der Schwindel, was ziemlich unwahrscheinlich sei, dem Prüfer überhaupt auffiele. Doch der Unternehmer blieb standhaft. Und so steckte schließlich der Steuerberater den Beleg ein. Über das weitere Schicksal dieses Beleges ist dem Autor nichts bekannt...

Der Diavortrag

Betriebsprüfung in einem Gasthaus. „Ja, eine Registrierkasse ist schon vorhanden", antwortete der Wirt auf eine entsprechende Frage des Prüfers, „aber eben leider defekt." Eigentlich sei sie schon seit Jahren außer Betrieb, weshalb ausschließlich händische Aufzeichnungen geführt würden. Zum Leidwesen des Wirtes stellte sich jedoch heraus, dass auch diese händischen Aufzeichnungen nicht vorhanden waren. Für bestimmte Ausgaben, die er mittels Belegen nicht nachweisen konnte, hatte der Gastronom einfach Schmierzettel verfasst. Allerdings waren auch diese – der Leser ahnt es schon – ebenfalls nicht vorhanden, zumindest nicht vollständig. Auf der Rückseite eines dieser spärlichen Schmierzettel – das musste der Wirt wohl übersehen haben – war fein säuberlich vermerkt, dass am 28. Jänner des letzten geprüften Jahres im Gasthaus ein Diavortrag stattgefunden hatte. Genau genommen handelte es sich bei diesem Schmierzettel um ein Flugblatt, das den Diavortrag ankündigte. Unglücklicherweise hatte aber die Losung am Tag dieses Diavortrags lediglich 38 Euro betragen, was vom Prüfer jedoch angezweifelt wurde. Der darauf angesprochene Wirt erklärte diese eigenartige Aufzeichnung damit, dass die Gäste praktisch nichts getrunken und auch nichts gegessen hätten, sondern ausschließlich wegen des hochinteressanten Diavortrags in sein Lokal gekommen seien, worauf der Prüfer entgegnete, dass der Wirt wohl ein besonderer Wohltäter sein müsse. Denn schließlich seien mit den angeblich eingenommenen 38 Euro ja kaum die Heizkosten für den großen Saal gedeckt. Diese Argumentation löste beim Wirt nur ein ungläubiges Achselzucken und beim Prüfer einen Sicherheitszuschlag beträchtlichen Ausmaßes aus, der schließlich vom Wirt ohne Murren akzeptiert wurde. Hierbei handelt es sich um eine Erhöhung der steuerlichen Bemessungsgrundlage, weil deren (in der Abgabenerklärung erfolgte) Verkürzung wahrscheinlich ist. Auch die Steuernachforderung wurde anstandslos beglichen.

Kommissar Zufall

Auf dem Prüfungsplan stand ein Kaffeehaus. Im Zusammenhang mit der Registrierkasse hatte der Prüfer so einige Zweifel und dementsprechend auch einige für den Cafetier unangenehme Fragen. Da diese jedoch nicht zur Zufriedenheit des Prüfers beantwortet werden konnten, wandte er sich an die für die Programmierung der alle Stücke spielenden Registrierkasse zuständige Softwarefirma. Doch diese teilte mit, dass die Beantwortung der Fragen aus technischen Gründen so an die zwei Wochen dauern werde, was den im konkreten Fall zum vorläufigen Nichtstun verurteilten Prüfer dazu veranlasste, inzwischen seinen nächsten Prüfungsfall anzumelden. Dabei handelte es sich um einen Handelsvertreter, der, wie es so üblich ist, zahlreiche Belege über Anbahnungsspesen vorlegte. Es waren überwiegend Kaffeehausbelege. Der geneigte Leser mag es schon ahnen: Die allermeisten dieser Belege stammten just von besagtem Kaffeehaus. Nun hatte der Prüfer leichtes Spiel, galt es doch lediglich die Belege des Handelsvertreters zu kopieren und mit den mittlerweile von der Softwarefirma zur Verfügung gestellten Daten zu vergleichen. Wie nicht anders zu erwarten, fand sich im zur Verfügung gestellten Datenmaterial lediglich ein Bruchteil der vom Vertreter bezahlten Rechnungen.

Etwas Besseres kann einem Betriebsprüfer gar nicht passieren. Und etwas Schlechteres kann einem Unternehmer auch nicht widerfahren. Es folgten Zuschätzungen von Umsatz- und Einkommensteuer und ein Finanzstrafverfahren. Ohne die durch die Softwarefirma veranlasste Verzögerung und ohne Mitwirkung von Kommissar Zufall wäre der Fall wohl nicht so erfolgreich abgeschlossen worden.

Der Bonierstreifen oder: ein gerissener Prüfer

Ein zu prüfender Gastronomiebetrieb verwendete – lange vor der Registrierkassenpflicht – eine einfache Bonierkasse. Die Umsätze wurden fein säuberlich und, wie der Unternehmer versicherte, natürlich entsprechend den einschlägigen Bestimmungen der Bundesabgabenordnung der Zeitfolge nach geordnet, vollständig, richtig und zeitgerecht erfasst. Der Bonierstreifen blieb jedoch nicht, wie allgemein üblich, bis zum Ende der Rolle in der Bonierkasse, sondern wurde täglich abgerissen und dem Kassenbericht beigeheftet. Der Vollständigkeit halber ist zu erwähnen, dass das Zählwerk der Kasse täglich auf Null gestellt wurde. Der Betriebsprüfer wusste, dass die Journalstreifen am Ende der Rolle mit einem roten Streifen versehen sind, um dem Benutzer durch ein Fenster deren baldiges Ende und somit den bevorstehenden Austausch zu signalisieren. Da der Prüfer aus verschiedenen Gründen vermutete, dass die Umsätze nicht stimmten, verfiel er auf die grandiose Idee, alle Bonierstreifen zwischen zwei rot eingefärbten Enden von den Kassenberichten herunterzunehmen, mit einer Briefwaage abzuwiegen und das Gewicht mit dem einer ungebrauchten Originalrolle zu vergleichen. Und siehe da: Die Originalrolle war wesentlich schwerer. Den logischen Denkgesetzen und jenen der Physik folgend, war die wundersame Gewichtsreduktion nur erklärbar, wenn man annahm, dass der Gastwirt die vormittäglichen Umsätze auf einem nicht aufbewahrten Bonierstreifen erfasst hatte und nur die Umsätze des Nachmittags und des Abends in der Buchhaltung landeten. Von vollständigen Aufzeichnungen konnte somit keinesfalls die Rede sein. Unbestätigten Gerüchten zufolge ist der Gastwirt nach Prüfungsabschluss auf ein anderes, ihm bessere Gestaltungsmöglichkeiten bietendes Aufzeichnungssystem übergegangen.

In der Zeit vor dem Beitritt Österreichs zur EU waren die Finanzämter als Finanzstrafbehörden auch für Strafverfahren im Zusammenhang mit dem Schnapsbrennen zuständig. Aus dieser Zeit stammen einige recht skurrile Geschichten.

Kapitel 2

Beim Dorfwirten

Die Gastroskopie

Ein älterer und erfahrener Betriebsprüfer eröffnete einem jungen Kollegen, dass er wieder eine „Gastroskopie" machen müsse.

„Oje, hast du es mit dem Magen?" antwortete der Jüngere.

„Ach woher", meinte der Ältere. „Du musst nur die Wortbestandteile vom Griechischen ins Deutsche übersetzen. Was „Gastro" bedeutet, weiß heute ohnehin jedes Kind, und das griechische Wort „skopein" bedeutet so viel wie beobachten, schauen, überprüfen. Das heißt also, dass ich wieder einmal einen Gastwirt etwas näher unter die Lupe nehmen werde."

Nette Wirtsleute

Als vor einigen Jahren der sogenannte „Bierskandal" – Gastwirte hatten Bier in großen Mengen mit Barverkaufsrechnungen direkt von den Brauereien bezogen und anschließend „schwarz" weiterverkauft – die Betriebsprüfer und auch die Strafreferenten eine Zeit lang intensiv beschäftigte, ergab sich zwischen einem kräftigen und durchaus wohlgenährten Betriebsprüfer und dem Strafreferenten folgender Dialog:

Prüfer: „Herr Doktor, ich möchte Sie bitten, die Wirtin nicht allzu streng zu bestrafen, die Wirtsleute sind ja ausgesprochen nette Menschen und man isst auch ganz hervorragend in diesem Lokal."

Strafreferent: „Woher wissen Sie denn das?"

Prüfer: „Naja, was man halt so hört."

Dass die Prüfung besonders lang gedauert haben soll, ist natürlich nur ein böses Gerücht.

Zum Essen eingeladen

Im Rahmen des später noch näher zu beschreibenden sogenannten „Fiscalis-Projekts" absolvierten einige Finanzbeamte aus anderen europäischen Steuerverwaltungen einen Österreich-Besuch. Dabei lieferte der Vertreter einer südeuropäischen Steuerverwaltung folgendes Bonmot:

„Bei uns hat es überhaupt keinen Einfluss auf das Prüfungsergebnis, wenn der Betriebsprüfer vom Unternehmer oder von dessen Steuerberater in ein feines Lokal zum Essen eingeladen wird."

Und nach einer Pause, in der sich wohl alle anwesenden Kollegen gedacht hatten, dass das auch in ihren Ländern so sei, setzte er fort:

„Es hat nur einen Einfluss auf das Prüfungsergebnis, wenn der Prüfer nicht eingeladen wird."

Zu genaue Aufzeichnungen

Die Inhaberin eines Buschenschanks wurde von einem Trafikanten angezeigt, da sie in ihrem Lokal angeblich mit aus dem ehemaligen Jugoslawien eingeschmuggelten Zigaretten handelte. Bei einer Hausdurchsuchung stellte sich heraus, dass die Lokalinhaberin ein sehr penibler Mensch war, wollte sie doch über ihre Geschäfte immer genauestens Bescheid wissen. Allerdings waren ihre Aufzeichnungen eher nicht für das Finanzamt bestimmt.

Die Wirtin versuchte nämlich vor den Augen der Fahnder ein kleines Heftchen unter ihrem Bett zu verstecken, ein Versuch, der von vornherein zum Scheitern verurteilt war. Das Heftchen entpuppte sich als wahres Juwel für die Fahnder, fanden sich darin doch exakte Aufzeichnungen über die wahren Umsätze der Buschenschänke. Diese betrugen ziemlich genau das Zehnfache der erklärten Umsätze. Ja sogar dann, wenn sie ihrem Lebensgefährten Geld zum Kartenspielen oder zum Kauf von Socken gegeben hatte, war dies in dem Heftchen verzeichnet. Das Finanzamt kann sich nur wünschen, dass bei einer Betriebsprüfung immer so exakt geführte Aufzeichnungen vorgelegt werden. Die Betriebsprüfung hatte nicht lange gefackelt und aus der Buschenschänke steuerlich ein Gasthaus gemacht. Einige tausend Euro Nachzahlung und eine empfindliche Geldstrafe haben dann dazu geführt, dass die Inhaberin ihren Betrieb verkaufen musste. Übrigens: Von geschmuggelten Zigaretten war weit und breit keine Spur zu finden gewesen.

Zwei Bier täglich

Das Gasthaus war vor vier Jahren eröffnet worden. Im ersten Jahr verzeichnete der Unternehmer einen Verlust von rund 11.000 Euro, im zweiten einen Verlust von rund 6.000 Euro, im dritten einen Verlust von rund 2.000 Euro. Im vierten Jahr kam dann die erfreuliche Wende, denn es wurde immerhin ein bescheidener Gewinn von rund 1.800 Euro erklärt. Die Zahlen dieses Betriebes ließen somit eine eindeutig steigende Tendenz erkennen. Alles deutete auf ein aufstrebendes, prosperierendes Unternehmen hin. Der Schönheitsfehler an der ganzen Sache war nur, dass in all den vier Jahren kein einziger Cent an Steuern entrichtet worden war, weder an Einkommen- noch an Umsatzsteuer. Waren schon die erklärten Verluste bzw. der erklärte Gewinn alles andere als glaubhaft, so erregte auch der deklarierte Umsatz von jeweils knapp unter 30.000 Euro die besondere Aufmerksamkeit des Finanzamtes. Wird diese Jahresgrenze nicht überschritten, so gilt man als Kleinunternehmer und Umsatzsteuer fällt grundsätzlich nicht an. Nun weiß der geneigte Leser natürlich, dass der steuerliche Gewinn nicht gleichzusetzen ist mit dem, was dem Gastwirt am Ende des Jahres übrigbleibt. Dabei handelt es sich um den Cashflow, den Überschuss der regelmäßigen betrieblichen Einnahmen über die regelmäßig laufenden betrieblichen Ausgaben. Dieser Cashflow wird durch Abschreibungen auf das Anlagevermögen, Darlehenszinsen, Gewinnfreibetrag, Investitionsbegünstigungen, Rückstellungen etc. gemindert, sodass der steuerliche Gewinn regelmäßig unter dem Cashflow liegt. Im Fall unseres Gastwirtes waren an Aufwendungen im Wesentlichen jedoch nur der Wareneinsatz, die Sozialversicherung des Unternehmers und die Miete abgesetzt worden, sodass der steuerliche Gewinn praktisch identisch war mit der Differenz zwischen den Einnahmen und den Ausgaben. Es bedurfte übrigens keiner besonderen Rechenkünste, um festzustellen, dass der solcherart im vierten Jahr des Bestehens des Unternehmens erklärte Jahresgewinn von rund 1.800 Euro einem monatlichen Gewinn von rund 150 Euro entspricht.

Bei durchschnittlich 22 Tagen, an denen das Lokal im Monat geöffnet hatte, ergibt dies einen durchschnittlichen täglichen Gewinn von rund sechs Euro und 80 Cent. Das wiederum entspricht ziemlich genau dem Gegenwert von zwei Krügerln Bier, zugegebenermaßen zu Verkaufspreisen.

Nun ist aller Anfang, wie man ja weiß, schwer. Insbesondere mag dies natürlich für neu gegründete Gastronomiebetriebe gelten. Der aufstrebende Gastronom hatte sich für diesen phänomenalen Gewinn tagein, tagaus in die Gaststube gestellt und dort wohl weit mehr als die üblichen acht Stunden pro Tag verbracht. Denn schließlich ist der Satz „Ohne Fleiß kein Preis" eine weitere in diesem Zusammenhang erwähnenswerte Binsenweisheit. Um bei Sprichwörtern zu bleiben: Es darf auch nicht vergessen werden, dass der Krug so lange zum Brunnen geht, bis die Finanzpolizei kommt. Denn nachdem sich nennenswerte wirtschaftliche Erfolge trotz regelmäßiger Zwölfstundentage nicht eingestellt hatten, war zu allem Überfluss der Gastwirt auch noch wegen des Verdachts der Abgabenhinterziehung angezeigt worden, was prompt erstens einen Besuch durch die Finanzpolizei und zweitens eine Betriebsprüfung auslöste. Die Frage nach den Aufzeichnungen beantwortete der „aufstrebende Gastronom" damit, dass der Umsatz „ohnehin jeden Tag fast gleich" sei und er daher nichts aufzuzeichnen brauche. Und als die Finanzpolizei wissen wollte, wie er denn zwischen den 10-prozentigen Umsätzen für Speisen und den 20-prozentigen für Getränke unterscheide, brachte er vor, dass er nur den Kühlschrank zu öffnen brauche. An den dort eingelagerten Speisezutaten sei nämlich die Differenzierung zwischen den einzelnen Umsatzsteuersätzen ganz leicht festzustellen. Hier schien nun tatsächlich ein neues, wirtschaftsnobelpreisverdächtiges Gewinnermittlungssystem erfunden worden zu sein, das geeignet ist, die steuerliche Betriebsführung zu revolutionieren. Hochmoderne elektronische Registrierkassen sind plötzlich ebenso entbehrlich wie teure Buchhaltungssysteme und noch teurere Steuerberater. Und das System funktioniert tatsächlich. Als Beweis dienen die Steuerbescheide unseres genialen, erfindungsreichen, aufstrebenden Gastwirtes.

Letztlich war es aber der Betriebsprüfer, der ein noch perfekteres System von Erhebungen bei Lieferanten, Kalkulationen, Zuschätzungen und Sicherheitszuschlägen anwandte, wodurch insgesamt ein mittlerer fünfstelliger Eurobetrag in die Kassen des Fiskus gespült wurde. Und dass dann auch noch der Strafreferent ordentlich in den „Schmalztopf" griff, versteht sich ganz von selbst.

Das umsatzschwache Restaurant

Das Restaurant, eigentlich war es ein schlichtes Landgasthaus, hatte auch schon bessere Zeiten erlebt. Die Inneneinrichtung war seit Jahrzehnten nicht erneuert worden, die Schankanlage funktionierte zwar, sie hatte aber durchaus bereits Altertumswert und die verlässlichsten Besucher waren betrunkene Stammgäste, die bis lange nach Mitternacht an der Schank mehr lehnten als standen. Und wenn sich hin und wieder ein Tourist in die Schänke verirrte, war das schon eine mittlere Sensation. Die dargereichten Speisen hatten alles andere als Haubenqualität, was angesichts der Tatsache, dass außer Würsteln und Gulasch nichts angeboten wurde, nicht weiter verwunderte. Kurzum, das Geschäft ging eher schlecht als recht.

Folglich waren seit Jahren beim Finanzamt zwar Umsätze und Gewinne erklärt worden, die aber von so bescheidenen Ausmaßen waren, dass der Gastwirt nie Steuer hatte zahlen müssen. Dies war dem für die Veranlagung Verantwortlichen zwar bekannt, doch sein Vorgesetzter, der damals jeden Steuerbescheid, der noch händisch geschrieben werden musste, zu genehmigen, soll heißen, persönlich zu unterschreiben hatte, war ein äußerst gestrenger Mann, der die Devise ausgegeben hatte, dass jedenfalls ein Privatanteil bzw. Eigenverbrauch anzusetzen seien.

Der Mitarbeiter wusste daher, dass der Bescheid ohne Ansetzen des Privatanteils von seinem Chef nie unterschrieben werden würde und er tat pflichtgemäß, wie ihm geheißen worden war. Auch eine entsprechende Begründung enthielt der Bescheid. Und trotzdem war bereits seit Jahren keine Steuer angefallen.

Eines Tages kam der Gastwirt ins Finanzamt und beklagte sich bitter beim zuständigen Beamten. Es gehe nicht an, dass der Beamte den Gewinn und auch den Umsatz erhöhe. Selbst als er vom Beamten gefragt wurde, weshalb er denn den weiten und beschwerlichen Weg ins Finanzamt in Kauf genommen habe, um sich zu beschweren, wo er doch ohnehin keine Steuer zu zahlen habe, entgegnete der Wirt, dass ihm ein höherer Herr von der Finanzlandesdirektion gesagt habe, dass es nicht rechtens sei, wenn ihm einfach so mir nichts, dir nichts der Gewinn und der Umsatz erhöht würden.

Es bedurfte ziemlicher Überredungskunst seitens des Beamten, den Gastwirt von der Einbringung einer Berufung abzuhalten, denn weniger als Null hätte ihm auch im Berufungsweg nicht vorgeschrieben werden können. Und so wurden auch in diesem Jahr brav wieder Privatanteile ausgeschieden und ein Eigenverbrauch angesetzt, sodass schließlich alle zufrieden waren: der Gastwirt, der noch immer keine Steuer zahlte, der Vorgesetzte, dessen Weisungen genauestens befolgt wurden, und der Mitarbeiter, der beim Chef wieder einmal anstandslos einen Akt durchgebracht hatte.

Ich bitte um ein mildes Urteil

Bei der Prüfung eines Gasthauses, das an einer stark befahrenen Alpenstraße in einem Sommertourismusgebiet liegt, war aufgefallen, dass der Unternehmer zwar über eine teure Espressomaschine mit der Möglichkeit acht Tassen Kaffee gleichzeitig herunterzulassen verfügte, der damit produzierte und verkaufte Kaffee aber mengenmäßig von nur untergeordneter Bedeutung war. Warum sollte der Gastwirt eine so teure Anschaffung tätigen und dann nur einige wenige Tassen Kaffee täglich verkaufen, wo doch das Gasthaus an einer bestens frequentierten Straße lag und sich der Wirt über mangelnden Kundenzulauf keineswegs zu beschweren brauchte?

Andererseits war der Prüfer auf Rechnungen eines Lieferanten gestoßen, auf der große Mengen eingekaufter Zuckerbriefchen aufschienen. Das Wareneingangsbuch war nicht vom Unternehmer selbst, sondern von dessen betagtem Vater geführt worden, dem die Diskrepanz zwischen Kaffee- und Zuckerverbrauch nicht auffiel. Kurzum: Mit der eingekauften Zuckermenge hätten die Gäste mindestens die dreifache Menge des angeblich verkauften Kaffees zuckern können. Die einzig logische Erklärung für diese Divergenz lag darin, dass eben Kaffee in beachtlichem Ausmaß „schwarz" ein- und verkauft worden sein musste. Zunächst versuchte der Gastwirt noch zu erklären, dass er auch Tee angeboten hatte. Da aber das Gasthaus alles andere als eine Schihütte war, sondern an einer überwiegend im Sommer befahrenen Alpenstraße lag, war auch das Teeargument nicht wirklich überzeugend. Selbst wenn man berücksichtigte, dass es auch im Sommer gelegentlich kalte Tage gibt, die die Gäste zu einem verstärkten Teekonsum animierten, erschien es äußerst zweifelhaft, dass Tee in einer so großen Menge getrunken worden sein konnte, dass die Gesamtmenge der verkauften Zuckersäckchen in einer vernünftigen Relation zu den umgesetzten Heißgetränken stünde. Nachdem auch diese Argumentation ins Leere gegangen war, brachte der schon etwas genervte Gastwirt vor, dass er ja auch Mehlspeisen und Torten produziert hatte, wofür selbstverständlich ebenfalls Zucker in einer gar nicht so geringen Menge verwendet worden sei.

Doch auf den Einwand, dass wohl kein vernünftig denkender Mensch die kleinen und daher verhältnismäßig teuren Zuckerbriefchen zum Backen verschiedener Torten und anderer Mehlspeisen verwende, entgegnete der Gastwirt, dass die teure Kaffeemaschine eben eine Fehlinvestition gewesen sei. Es habe sich erst im Nachhinein herausgestellt, dass er den erzielbaren Kaffeeumsatz maßlos überschätzt habe. Doch der Prüfer, der aus dem Anlagenverzeichnis ersehen hatte, dass eine ähnliche Kaffeemaschine schon einmal, Jahre vor seinem Prüfungszeitraum, angeschafft worden war, ließ nicht locker und wollte plötzlich wissen, weshalb der Gastwirt gleich zweimal eine derartige Fehlinvestition getätigt haben wollte. Daraufhin machte jener im wahrsten Sinne des Wortes „Hände hoch" und sagte: „Ich bitte um ein mildes Urteil."

Die Rolle, die ein Gastwirt in der folgenden Geschichte spielt, ist zwar nur von untergeordneter Bedeutung. Aber dafür ist der Mann absolut steuerehrlich. Die Geschichte zeigt aber auch, wie ein Strafreferent, der ja üblicherweise erst auftritt, wenn die Steuerhinterziehung bereits begangen wurde, mitunter eine solche nicht nur verhindern, sondern die präsumtiven Abgabenhinterzieher sogar indirekt zu einer (ungewollten) Steuerleistung bringen kann.

Störfeuer

Der Strafreferent hatte sich auf jene zumeist aus unserem bundesdeutschen Nachbarland kommenden zweifelhaften Unternehmer spezialisiert, die in Österreich weder Sitz noch Betriebsstätte haben, aber dennoch in großem Stil bei Werbeveranstaltungen in diversen Gasthäusern Wolldecken, Gesundheitspolster, Filzpatschen und allerlei Kochtöpfe zu weit überhöhten Preisen an meist bereits im Ruhestand befindliche Leichtgläubige verhökern.

Die bei diesen Veranstaltungen verkauften Produkte sind so teuer, dass sich selbst bei ordnungsgemäßer Versteuerung noch ein erklecklicher Gewinn ergeben würde. In ihrer übergroßen Gier sind diese Keiler jedoch nicht bereit, auch nur einen Cent an Abgaben zu entrichten, wodurch die Sache natürlich äußerst lukrativ wird. In der Praxis laufen die Verkaufsveranstaltungen so ab, dass in gewissen Wohngegenden Einladungen zu Werbeveranstaltungen in die Postkästen eingeworfen und die solcherart ausgesuchten „Opfer“ in ein nahegelegenes Gasthaus zum Mittagessen eingeladen werden. Um möglichst viele Kauflustige anzulocken, werden noch „Gratisgeschenke“ versprochen und sogar tatsächlich an jeden Besucher verteilt. Am liebsten ist es den Keilern, wenn Ehepaare kommen. Denn dann fällt das bei der älteren Generation von den Frauen oft vorgebrachte Argument weg, dass sie vor dem Kauf erst noch den (nicht anwesenden) Ehemann fragen müssen.

In dieser aufgelösten Stimmung – auch Alkohol fließt oft in nicht geringen Mengen – betritt der psychologisch bestens geschulte Keiler die Bühne und lässt mit starkem bundesdeutschen Akzent einen mehrstündigen Redeschwall auf die Pensionisten los, wobei er wirklich alle Register zieht. Meist findet er auch ein paar Opfer. Wenn die Bestellformulare ausgefüllt und die Anzahlungen geleistet sind, ziehen die Keiler weiter. Dann folgt das versprochene Mittagessen. Für den Gastwirt ist die Aktion allemal ein gutes Geschäft, denn Essen und Getränke für die meist 50 bis 70 anwesenden Personen werden von den „Freunden aus Deutschland“ bezahlt.

Im konkreten Fall war auch dem Strafreferenten des Finanzamtes eine solche Einladung ins Haus geflattert. Allerdings hatte er sie erst nach seinem Urlaub vorgefunden. Und da war die Veranstaltung längst vorbei. Eines Morgens, es war kurz vor 9 Uhr, saß er gerade in seinem Büro und rief in dem besagten Gasthaus an, um sich nach dem nächsten Verkaufstermin zu erkundigen. Die Kellnerin erklärte ihm, dass die Herrschaften ohnehin gerade da seien, ihre Produkte bereits ausgestellt hätten und soeben mit der „Bearbeitung“ der Gäste beginnen wollten. Er solle doch am besten gleich selbst mit dem Chef der Truppe reden. Der Beamte wartete geduldig einige Minuten am Telefon. Doch wer nicht an den Apparat kam, war der Keilerchef. Schließlich ging doch wieder die Kellnerin an den Apparat und erklärte dem verdutzten Strafreferenten, dass die Herren, als sie das Wort „Finanzamt“ hörten, das Gasthaus fluchtartig verließen, mit der Begründung, dass sie soeben einen dringenden Anruf von der Geschäftsleitung aus Deutschland erhalten hätten. Der Beamte entschuldigte sich noch, dass er dem Wirt nun wohl das Geschäft vermasselt habe. Doch die Kellnerin meinte nur, dass die Keiler die Konsumation für ihre „Kunden“ ohnehin bereits im Voraus bezahlt hätten. Die „Kunden“ waren weniger erfreut, waren sie doch um das erhoffte Gratisessen, das während der mehrstündigen Warenpräsentation hätte zubereitet werden sollen, umgefallen. Es ist zu vermuten, dass die Keiler in diesem Gasthaus wohl nie mehr versucht haben ihr schäbiges Spiel zu spielen.

Durch dieses zufällige Störfeuer des Beamten haben die Keiler an diesem Tag nicht nur nichts verkauft und daher auch keinerlei Steuern hinterzogen, sondern mit ihren eigenen finanziellen Mitteln auch noch für einen ordentlichen Umsatz und Gewinn des Wirtes gesorgt, der die vorbereiteten Wienerschnitzel wohl eingefroren und an einem anderen Tag (nochmals) verkauft hat. Es ist davon auszugehen, dass auch das Finanzamt beide Male mitgenascht hat.

Ein Anwalt war, wie allerdings nur vermutet werden darf, jedenfalls sein Geld wert.

Der Anwalt und die Tränendrüsen

Als vor Jahren zahlreiche Fälle des sogenannten Bierskandals die Finanzämter und Finanzstrafbehörden nahezu überschwemmten, musste auch eine gestandene Wirtin vor dem Spruchsenat erscheinen, weil sie im Verdacht stand, im Zusammenhang mit dem Verkauf von „Schwarzbier" (damit ist jedoch nicht dunkles Bier gemeint, sondern durchaus helles) rund 30.000 Euro an Abgaben hinterzogen zu haben.

Die damals gängige Spruchpraxis bestand darin, bei einem Geständnis und bisheriger finanzstrafrechtlicher Unbescholtenheit rund 30 Prozent des hinterzogenen Betrages als Geldstrafe festzusetzen. Dies wären rund 9.000 Euro gewesen. Die Dame wurde vor dem Spruchsenat von einem erfahrenen Anwalt, einem gepflegten älteren Herrn im schwarzen Nadelstreifanzug, einem wahren Meister seines Fachs, vertreten. In seinem Plädoyer schweifte er weit aus, setzte perfekt die Mitleidsmasche ein und drückte gewaltig auf die Tränendrüse der Mitglieder des Spruchsenats.

Das rund zehnminütige Plädoyer war so perfekt einstudiert, dass es durchaus Wirkung zeitigte und der Senat die Geldstrafe nicht im üblichen Ausmaß von 30 Prozent festsetzte, sondern sich mit 25 Prozent begnügte. Es wurde somit statt der zu erwartenden Geldstrafe von 9.000 Euro nur eine solche von 7.000 Euro verhängt. Der Anwalt hatte der Beschuldigten in relativ kurzer Zeit 2.000 Euro erspart. Wie hoch sein wohlverdientes Honorar für die Vertretung und seinen phänomenalen Auftritt war, ist nicht bekannt.

Der Zufall wollte es, dass sich Jahre später der Anwalt und der Strafreferent an ihrem Urlaubsort trafen und sogar im selben Hotel wohnten.

Dabei entwickelte sich folgender Dialog:

Strafreferent: „Also, Herr Doktor, wie ich dieses Plädoyer gehört habe, dachte ich mir: Wenn er jetzt noch fünf Minuten weiterredet, dann werden die Mitglieder des Spruchsenats kollektiv zu ihren Taschentüchern greifen, um sich die Tränen aus den Augen zu wischen. Dann wird man wohl zum Ergebnis kommen, dass die Beschuldigte nicht nur zu keiner Strafe verurteilt wird, sondern, dass ihr das Finanzamt noch etwas zahlen muss."

Darauf der Anwalt: „Na gut, dass Sie mir das gesagt haben. Dann werde ich beim nächsten Mal eben noch etwas länger reden."

Kapitel 3

Das Wirtshaus als Kommunikationszentrum

Gasthäuser sind eine wahre Fundgrube, für – nennen wir es etwas beschönigend einfach – steuerliche Unregelmäßigkeiten, wie die drei folgenden Beispiele veranschaulichen. Die erste Geschichte, die zeigt, wie wichtig die finanzinterne Kommunikation ist, spielte sich in einem Wiener Finanzamt ab.

Beim Reden kommen die Leute zusammen

Auf dem Prüfungsplan stand ein Gasthaus. Die Prüfung zog sich schon einige Zeit dahin, die Aufzeichnungen waren perfekt geführt. Es deutete nichts, absolut nichts auf irgendwelche Unregelmäßigkeiten hin. Nicht einmal bei den Privatanteilen war etwas zu machen. Der Prüfer zweifelte allmählich schon an seinen Fähigkeiten und klagte dem mit ihm das Büro teilenden Betriebsprüfungskollegen sein Leid. Es werde ihm wohl nichts Anderes übrigbleiben, als den Fall als sogenannten Nullfall abzuschließen. Dabei hatte er dem Kollegen auch die ungefähre Lage des Gasthauses beschrieben. Der meinte, dass er dort schon öfters vorzüglich gegessen habe, dass aber eine starke Personalfluktuation festzustellen sei, da er jedes Mal von einer anderen Kellnerin bedient werde. Der Prüfer möge doch einmal nachforschen, ob der Gastwirt etwa mit Schwarzpersonal arbeite. Gesagt, getan. Der Prüfer brauchte dem Unternehmer erst gar nicht allzu intensiv auf den Zahn zu fühlen, damit dieser zugab, dass es ja so schwer sei, Personal zu bekommen. Die meisten Kellner und Abwäscherinnen seien doch bis aufs Existenzminimum gepfändet und hätten daher gar kein Interesse an einer Anmeldung. Was solle er denn tun? Seine Frau stehe in der Küche, er helfe im Service. Das Ehepaar könne doch nicht alles allein machen. Die Prüfung endete mit einem ordentlichen Sicherheitszuschlag und Lohnabgaben wurden ebenfalls nachgefordert. Voller Stolz kehrte der Prüfer ins Finanzamt zurück und wollte dem Kollegen von seinem grandiosen Erfolg berichten und sich wohl auch für den wirklich guten Tipp bedanken. Er begann freudestrahlend mit den Worten: „Du, ich muss dir etwas sagen.“

Doch der Kollege antwortete: „Ich dir auch. Das war nämlich ein Irrtum meinerseits, ich habe ein anderes Gasthaus gemeint."

Die glaubwürdigsten Zeugen

Bei einem oststeirischen Gasthof mit Fremdenzimmern fand eine Betriebsprüfung statt. Dem Prüfer war aufgefallen, dass im gesamten Prüfungszeitraum zwar Wein, Bier und Sekt, jedoch kein Schnaps eingekauft wurden. Und wenn kein Schnaps beschafft wurde, konnte, den logischen Denkgesetzen folgend, auch keiner verkauft worden sein, möchte man zumindest meinen. Auf Befragen gab der Wirt an, dass es in seiner Gegend nicht üblich sei, Schnaps zu trinken. Auch nach intensiver Befragung seitens des Prüfers blieb der Wirt dabei. Ja, er stritt sogar vehement ab, in seinem Lokal Schnaps zu verkaufen. Denn schließlich seien die Alkoholkontrollen der Polizei derart streng, dass niemand mehr bereit sei, wegen ein paar Stamperln seinen Führerschein zu riskieren.

Im Finanzamt funktionierte die Kommunikation bestens und so erfuhr auch der Leiter der Prüfungsabteilung von der Geschichte. Dieser konnte sich allerdings daran erinnern, dass er im Prüfungszeitraum eine Feier mit Kolleginnen und Kollegen, lauter Juristen und Betriebswirten, mit denen er einst die Schulbank im Bildungszentrum der Finanzverwaltung gedrückt hatte, organisiert hatte. Dieses Treffen hatte ausgerechnet in dem nun geprüften Lokal stattgefunden. Das Essen war vorzüglich, wenngleich möglicherweise etwas zu fett, was schließlich dazu geführt hatte, dass der gesamte Absolventenjahrgang an der Bar eine nicht zu knappe Anzahl an „Verdauungsstamperln" konsumiert hatte. Mit diesem Sachverhalt konfrontiert, blieb dem Wirt nun nichts Anderes mehr übrig, als geständig zu sein. Denn mehr und hinsichtlich ihrer Glaubwürdigkeit verlässlichere Zeugen sind wohl kaum denkbar. Den Prüfer hat es gefreut, konnte er doch ruhigen Gewissens pro Prüfungsjahr einige Flaschen Schnaps hinzuschätzen.

Um keine falschen Verdächtigungen im Hinblick auf die Fahrtüchtigkeit der Finanzakademiker aufkommen zu lassen, sei angemerkt, dass sämtliche Teilnehmer dieser feuchtfröhlichen Feier im nämlichen Gasthaus übernachtet haben.

Wenn zwei sich streiten, freut sich das Finanzamt

Ein Mann hatte beim Strafreferenten des Finanzamtes angerufen und erklärt, dass seine Exfreundin, eine Gastwirtin, Schwarzgeschäfte betreibe. Er wolle dies abstellen und deshalb ersuchte er um einen Termin für eine persönliche Vorsprache. Zu dieser werde er auch einige Unterlagen mitbringen, die seine Behauptungen beweisen sollten. Es wurde vereinbart, dass der Mann am nächsten Tag um 15.00 Uhr vorsprechen werde. Zur größten Überraschung des Strafreferenten erschien der Mann aber bereits um 14.00 Uhr. Er brachte tatsächlich Unterlagen mit, die seine Exfreundin schwerstens belasteten. Als erster Schritt erfolgte die Einschaltung der Steuerfahndung, die zunächst einmal an Ort und Stelle beobachtete. Ein Jurist und eine Juristin hatten – als Liebespaar getarnt – in ihrer Freizeit vor Ort die Situation analysiert und dabei festgestellt, dass die Chefin eine äußerst attraktive junge Dame war. Viele der Gäste, unter anderem Arbeiter und LKW-Fahrer, hatten sich dort nach Dienstschluss noch auf das eine oder andere Bierchen getroffen, wobei ein weiterer Grund für den Lokalbesuch häufig einfach nur das „Kellnerinschauen" war. Es handelte sich somit nicht um ein Nobellokal, sondern eher um ein kleines Beisel für den Mann von der Straße, konnten doch die männlichen Besucher dort im Sommer ohne Weiteres mit nacktem Oberkörper ihr Bier genießen. Zum Essen gab es außer Würstel, Gulasch und Toast nichts. Als nächster Schritt folgte eine Hausdurchsuchung. Bei deren Vorbereitung stellte sich heraus, dass die Motive des Anzeigers nicht in seiner plötzlich aufkeimenden Steuerehrlichkeit zu suchen waren, sondern dass ihm die Wirtin wegen einer neuen Liebe den Laufpass gegeben hatte, wofür er sich nun rächen wollte. Weiters war zutage getreten, dass der Mann wegen Betrugsverdachts mit einem gerichtlichen Haftbefehl gesucht wurde. Darin hatte auch der Grund gelegen, weshalb er eine ganze Stunde früher als vereinbart ins Finanzamt gekommen war. Offenbar hatte er in völliger Überschätzung der Möglichkeiten der Finanzstrafbehörden gedacht, die Finanzstrafbehörde wüsste von dem Haftbefehl und würde ihn gleich festnehmen lassen. Doch dies war erst im Zuge der Vorbereitung der Hausdurchsuchung durch einen Hinweis der Steuerfahndung an die Polizei geschehen. Und auch erst, nachdem der Mann gegenüber der Steuerfahndung ebenfalls sein Wissen umfassend offengelegt hatte.

Seine Angaben über die Verstecke des Schwarzgeldes und der Unterlagen über Barverkäufe waren wirklich Gold wert, konnte doch bei der Hausdurchsuchung nachgewiesen werden, dass es im Lokal gängige Praxis war, einen Teil der Getränke offiziell, einen anderen Teil nur mit Barverkaufsrechnung zu erwerben. Wie es der Zufall wollte, fanden die Beamten bei der Hausdurchsuchung offizielle Rechnungen vom Vortag über mehrere Kisten alkoholfreier Getränke und eine Barverkaufsrechnung über 12 Kisten Wein in Doppelliterflaschen. Doch der Wein war selbst in dem im Keller untergebrachten Lager nirgends auffindbar. Auch auf den Einwand des Prüfers, dass in einem so kleinen Lokal doch wohl nicht an einem Abend eine derart große Menge Wein getrunken worden sein konnte, ohne dass die (zum Teil schon wieder oder auch noch immer anwesenden) Stammgäste sowie das Personal noch immer betrunken seien, vermochte die Verdächtige keine Auskunft zu geben. Das Rätsel wurde erst gelöst, als die Fahnder bei einer weiteren Durchsuchung des Kellers eine versteckte und gut verbarrikadierte Tür fanden, hinter der die am Vortag gelieferten Kisten versteckt waren.

Da das Lokal erst seit einem Jahr bestand, konnte ganz entgegen der üblichen Praxis lediglich eine Betriebsprüfung für ein Jahr durchgeführt werden, bei der dann rechtskräftig ein Mehrergebnis von 18.000 Euro festgesetzt wurde. Und der Strafreferent hob nochmals 6.500 Euro ein. Offenbar war dies aber zu wenig. Denn die Wirtin heiratete den neuen Freund in der Folge und eröffnete mit ihm als Geschäftsführer ein anderes Lokal. Jahre später, als der „Bierskandal“ Österreich im wahrsten Sinne des Wortes überschwemmte, stand auch das neue Lokal auf der Liste jener Unternehmen, die im großen Stil „Schwarzbier“ verkauft hatten. Fazit: neuerliche Betriebsprüfung und neuerliches Finanzstrafverfahren mit einer Geldstrafe von rund 7.000 Euro. Übrigens: Vom „Exfreund“ hat die Finanzstrafbehörde nie mehr etwas gehört.

Noble Leute trinken Wein statt Bier

Ein Strafreferent wurde in seiner in Personalunion ausgeübten Funktion als Leiter der Veranlagungsabteilung von einem ihm seit vielen Jahren bekannten und äußerst sympathischen Steuerberater um eine abgabenrechtliche Auskunft ersucht. Nachdem er diese erteilt hatte, sprach der Beamte den Steuerberater im anschließenden Smalltalk auf den sogenannten Bierskandal an, in welchem Gastwirte dabei ertappt worden waren, wie sie von Braukonzernen geliefertes Bier und alkoholfreie Getränke in größeren Mengen „schwarz“ verkauft hatten. Er bemerkte hierzu Folgendes:

„Herr Doktor, ich stelle mit freudiger Verwunderung fest, dass offenbar kein einziger Ihrer Klienten in meinem Finanzamtsbereich in den Bierskandal verwickelt ist.“

Darauf der Berater: „Wissen Sie, ich habe nur seriöse Klienten. Die machen so etwas nicht.“

Nachdem aber kurz zuvor ruchbar geworden war, dass zahlreiche Wirte nicht nur von Brauereien, sondern auch von Weinbaubetrieben „schwarz“ beliefert worden waren, entgegnete der Beamte: „Ach so, Sie vertreten ja nur Nobelrestaurants. Wird da vielleicht nur Wein getrunken?“

Der Hirschbraten

Lang, lang ist's her. Ein Sägewerksunternehmer aus Oberösterreich hatte eine Eigenjagd. Seine Frau war im ganzen Ort als hervorragende Wildköchin bekannt und hielt mit ihren Kochkünsten auch gegenüber dem Betriebsprüfer nicht hinterm Berg, was diesen dazu verleitete, alle paar Monate nach dem Rechten zu sehen, soll heißen, die Umsatzsteuervoranmeldungen zu überprüfen. Es gab zwar meist keinerlei Mehrergebnis, aber das war in den Augen des Prüfers ja auch nicht der eigentliche Zweck seiner regelmäßigen Besuche. Vielmehr galt sein Interesse dem wirklich ausgezeichneten Hirschbraten. Als er in Pension ging, informierte er seinen Nachfolger natürlich über die kulinarischen Highlights, die er beim Sägewerksunternehmer seit Jahren erleben durfte, was bei jenem etwas Ähnliches wie Aquaplaning auf der Zunge auslöste.

Kaum war der Vorgänger in Pension, meldete sich der Neue auch schon zu einer Betriebsprüfung im Sägewerk an. Nach einigen Tagen – die Prüfung hatte keine Auffälligkeiten ans Licht gebracht – fiel dem Unternehmer auf, dass der Prüfer immer todernst, beinahe beleidigt dreinschaute. Nichts vom sonnigen Gemüt seines Vorgängers hatte er an sich. Schließlich fasste er sich ein Herz und sprach den Prüfer direkt darauf an: „Sagen Sie einmal, warum blicken Sie denn immer gar so griesgrämig drein? Ich habe Ihnen ja nichts getan. Ihr Vorgänger war immer so gut gelaunt, ein lustiger Mensch."

Der Prüfer überlegte kurz, um dann zu antworten: „Ich bin ja froh, dass Sie mich so direkt ansprechen. Und Sie haben ja auch recht. Ich frage mich nämlich schon die ganze Zeit, was ich falsch gemacht habe, dass Sie gar so abweisend sind. Mein Vorgänger hat mir mit großer Begeisterung vom herrlichen Hirschbraten erzählt, den er immer angeboten bekam. Obwohl ich äußerst korrekt und keinesfalls in einer für Sie nachteiligen Weise geprüft habe, muss ich Ihnen wohl besonders unsympathisch sein." Und dann platzte es fast zornig aus ihm heraus: „Denn ich habe noch keinen Hirschbraten bekommen."

Darauf der ob dieser Ansage ziemlich amüsierte Unternehmer: „Also, Sie sind mir genauso sympathisch wie Ihr Vorgänger. Aber dass Sie keinen Hirschbraten bekommen haben, liegt ausschließlich daran, dass Ihr Vorgänger als passionierter Jäger genau wusste, wann gerade Schonzeit ist. Und in der Schonzeit hat er auch mich mit Prüfungen verschont."

Verkalkt

Bei einem Landgasthaus fand eine Betriebsprüfung statt. Wie üblich, wurden drei Jahre geprüft. Während es im ersten und dritten Prüfungsjahr keinerlei Auffälligkeiten gab, wollte sich die Kalkulation im mittleren Jahr so ganz und gar nicht ausgehen. Als Argument war vorgebracht worden, dass die 95-jährige Mutter des Gastwirtes in diesem Jahr verstorben war. Wie auf dem Land üblich, sei das halbe Dorf im Anschluss an das Begräbnis zum Leichenschmaus, der sogenannten „Bestattung", geladen gewesen. Die „Bestattung" habe aber selbstredend nicht im eigenen Betrieb, sondern im zweiten Gasthaus des Dorfes stattgefunden. In den folgenden Wochen seien obendrein langjährige Stammkunden auf ausdrücklichen Wunsch der Verstorbenen als Dank für ihre Treue nochmals zu einem Essen inklusive Getränken in das Lokal des geprüften Unternehmers eingeladen worden. Dadurch ließen sich die Kalkulationsdifferenzen leicht aufklären. „Na bravo", entgegnete der Prüfer: „Da wird es Ihnen ja eine Leichtigkeit sein, mir die Namen der derart Beschenkten zu nennen, damit ich durch deren Befragung feststellen kann, ob Ihre Behauptung tatsächlich stimmt." „Das ist keine besonders gute Idee“, antwortete der Gastwirt, „denn wie Sie sich unschwer vorstellen können, handelt es sich bei den Freunden meiner Mutter auch um hochbetagte Leute, die zum Teil selbst mittlerweile verstorben sind. Und die Überlebenden sind auch schon so verkalkt, dass sie sich bestimmt an nichts mehr erinnern können.“

Kapitel 4

In der gemütlichen Gaststube

Ein Gulasch und ein Bier

Vor undenklichen Zeiten, in denen man vor allem auf dem Land unter dem Finanzer nicht den peniblen Betriebsprüfer, sondern den „Inspektor" der Steueraufsichtsstelle, besser bekannt unter Verbrauchsteuerstelle, verstand (die Betriebsprüfung steckte noch in den Kinderschuhen), hatte ein Prüfer ein Landgasthaus aufzusuchen. Böse Zungen behaupten, dass es sich üblicherweise eher um eine Heimsuchung handelte. Angemeldet hatte er sich aus Vereinfachungsgründen erst gar nicht und so erschien er gegen 9 Uhr morgens im Betrieb. Die Verbrauchsteuerstelle war, wie bereits ihr Name besagt, mit verbrauchsteuerpflichtigen Waren befasst. Es geht hierbei um die Bier- und Sektsteuer, die Mineralölsteuer, vor allem aber um die Branntweinmonopolabgabe.

Böse Zungen behaupten, dass die Abteilung ihren Namen durchaus zu Recht trug, waren dort doch meist recht trinkfeste Gesellen beschäftigt, die mit „gutem" Beispiel vorangingen, ihre Aufgabe wörtlich nahmen und daher selbst einen nicht unerheblichen Beitrag zum Verbrauch von Alkohol leisteten. Dass mit dieser „Beitragsleistung" oft bereits am frühen Morgen begonnen wurde, konnte den geeichten Männern nichts anhaben. Und auch kulinarischen Genüssen waren sie keineswegs abgeneigt.

Der zu prüfende Gastwirt war auch Landwirt und als solcher brannte er seinen Schnaps unter staatlicher Aufsicht, eben dieser Verbrauchsteuerstelle, selbst. Diesen Prüfer, der den Betrieb bereits zur frühen Morgenstunde heimsuchte, kannte der Gastwirt zwar noch nicht. Allerdings muss ihm die Vorliebe der „Finanzer" für verbrauchsteuerpflichtige Waren und sonstige Genüsse, denen sich die Beamten während der Dienstzeit gern hingeben, durchaus bekannt gewesen sein, denn kaum hatte sich der Prüfer ausgewiesen, rief der Gastwirt laut in die Küche: „Mama, bring ein Gulasch und ein Bier. Der Finanzer ist da!"

Kinder und Narren sagen die Wahrheit

Der Beamte war jung, erst kürzlich zum Betriebsprüfer bestellt worden und voller Tatendrang. Der Zufall hatte ihm, der in der Großstadt ausgebildet worden war, als ersten Prüfungsfall ein Gasthaus weit draußen auf dem Land zugeschanzt. Betriebsprüfungen in Gasthäusern gehören zu den beliebtesten, zumindest bei den Prüfungsorganen. Hierfür mag durchaus eine Rolle spielen, dass wohl noch nie ein Gasthausprüfer bei seiner Arbeit hungern oder gar Durst leiden musste. Der Prüfer stellte sich somit auf einen gemütlichen ersten Prüfungsfall ein.

Es war zu einer Zeit, als die Winter noch richtige Winter waren, fast täglich fiel frischer Schnee. Der Prüfer setzte sich ins Auto und kurvte über eine schmale, steile Straße bergwärts zu dem bekannten, sehr bodenständigen Ausflugsgasthaus. Dort war – bedingt wohl durch die Wetterlage – unter der Woche nicht viel los, am Vormittag war der Prüfer meist der einzige Gast und er saß in der Gaststube über der Buchhaltung. Umso mehr hatten die Wirtsleute Zeit, sich um ihn zu kümmern. So gesellten sich nach und nach die Gattin des Abgabepflichtigen, dessen Mutter und bald auch die Kinder zu ihm. Rasch ergab sich in der wohlig warmen Gaststube eine überaus gemütliche Atmosphäre, die für den Prüfer leider einen entscheidenden Nachteil hatte: Die teilweise in epischer Breite vorgebrachten Lebensgeschichten der Erwachsenen und vor allem die Kinder, die auf dem Boden, unter dem Tisch und manchmal auch zwischen den Füßen des Prüfers ihren bisweilen geräuschvollen Spielen nachgingen, trugen nicht gerade dazu bei, seine Konzentration zu fördern.

Dennoch stellte der Prüfer fest, dass die Buchhaltung zwar formell in Ordnung war, inhaltlich aber etliche Ungereimtheiten vorlagen, die er nicht so ohne Weiteres hinnehmen konnte. Langsam beschlich ihn der bange Gedanke, wie er dies den netten Leuten beibringen, wie er von der familiären Atmosphäre in eine amtliche zurückwechseln sollte. Er hatte sich in seiner Unerfahrenheit zu wenig abgegrenzt. Doch dann kam ihm in Gestalt des älteren der beiden Kinder, einem aufgeweckten Mädchen, ein rettender Engel zu Hilfe. Der Prüfer erinnerte sich, dass in seinem Heimatort jeder Wirt einmal pro Jahr einen Hausball veranstaltet. Eine solche Veranstaltung muss sich natürlich in einer stark erhöhten Tageslosung, vermutlich an einem Samstag, in der Buchhaltung niederschlagen. Der Prüfer durchblätterte das Kassabuch, fand aber keine derartige

Eintragung. „Gibt es bei Ihnen nie einen Ball?“, fragte er den Wirt. Dieser gab ein mundartlich gefärbtes, von heftigem Kopfschütteln begleitetes „Nein, nie!“ von sich. Der Prüfer, dem der Glaube an die Ehrlichkeit der Menschheit ihre Steuerangelegenheiten betreffend in dieser frühen Phase seines Berufslebens noch nicht verlorengegangen war, wollte sich bereits damit zufriedengeben. Da ertönte unter dem Tisch die Stimme des entzückenden Mädchens: „Aber Papa, wir haben doch jeden Winter einen Ball!“

Es dauerte eine Schrecksekunde, ehe alle Erwachsenen in lautes Gelächter ausbrachen. Geistesgegenwärtig nützte der Prüfer die Situation aus, schnitt kurz entschlossen die eben noch tabuisierten Themen Buchführungsmängel, Kalkulationsdifferenzen und Zuschätzung an und stellte damit die Weichen zu einem guten, in gelöster Atmosphäre abgewickelten Prüfungsabschluss, ordentliches Mehrergebnis inklusive.

Ein anderer Prüfer, der dasselbe Gasthaus ein paar Jahre später prüfte, saß dann nicht mehr in der Gaststube, sondern in einem eigens für ihn adaptierten Fremdenzimmer. Dafür dürfte die Überlegung, ihn vor den allzu lebhaften Kindern zu schützen, allerdings nur von untergeordneter Bedeutung gewesen sein.

Das Wirtshaus, die Scheidung und der Hund

Um Zehnschillingmünzen dreht sich die jetzt folgende unglaubliche Geschichte.

Die vorangegangene Betriebsprüfung wurde von einem hochmotivierten und auch bestens ausgebildeten Prüfer durchgeführt, der allerdings trotz ausgezeichneter Branchenkenntnisse und akribischer Kleinarbeit keine besonderen Auffälligkeiten entdeckte.

Das Lokal glich eher einer Bruchbude und man konnte durchaus den Eindruck gewinnen, dass die armen Wirtsleute den folgenden Winter nur dann überleben können, wenn sie von der Gemeinde einen Heizkostenzuschuss erhalten.

Der Betriebsprüfer hatte nicht nur nichts steuerlich Relevantes entdeckt, ihm war auch gänzlich verborgen geblieben, dass die Ehe der Wirtsleute nicht harmonierte. Plötzlich erkrankte der Ehemann und musste sich in Spitalspflege begeben. Der Wirt war offenbar ein ziemlicher Tyrann und so entdeckte die Gattin während des längeren Spitalsaufenthaltes ihres „Herrn und Gebieters“, dass es sich allein auch ganz gut, um nicht zu sagen wesentlich besser, leben lässt. Schließlich setzte sie einen sie schon seit geraumer Zeit beschäftigenden Gedanken in die Tat um: Sie reichte die Scheidung ein. Und sie machte durchaus Nägel mit Köpfen, nahm das vom Gatten angelegte Sparbuch an sich und wollte das ganze Geld beheben, was ihr allerdings wegen Unkenntnis des Losungswortes nicht gelang. Doch so schnell gab sie nicht auf. Denn im Zuge der bei einer Scheidung durchzuführenden Aufteilung der ehelichen Ersparnisse forderte sie die Hälfte der Sparbucheinlage, ein Ansinnen, das beim wieder genesenen Noch-Ehegatten verständlicherweise auf wenig Gegenliebe stieß.

Nun trat Plan B in Kraft und die Wirtin legte das Sparbuch dem Scheidungsrichter vor. Der hatte als treuer Staatsdiener nichts Besseres zu tun, als dem zuständigen Finanzamt flugs eine Kopie davon zu übermitteln, mit dem Ersuchen zu überprüfen, ob die nicht unbeträchtlichen Einlagenstände, die sich im Lauf der Jahre angesammelt hatten, tatsächlich aus den erklärten Gewinnen erwirtschaftet worden sein konnten.

Das Finanzamt, dankbar über so viel Engagement eines Richters, beauftragte sofort einen jungen Betriebsprüfer mit der näheren Durchleuchtung des Wirtshauses. Der brauchte bei der Aktenvorbereitung wiederum nicht lange zu prüfen, um zum Ergebnis zu gelangen, dass der erklärte, äußerst bescheidene Gewinn, unter Berücksichtigung der Lebenshaltungskosten und der ohnehin kaum mehr vorhandenen Abschreibungen, nie und nimmer gereicht hätte, um die jährlich auf das Sparbuch eingezahlten hohen Beträge zu erklären. Nun wurde zusätzlich der Strafreferent eingeschaltet und das Wirtshaus gleich für den maximalen Zeitraum von damals zehn Jahren rückwirkend ordentlich unter die Lupe genommen. Dem Vorprüfer, der bei der Kalkulation keinerlei Abweichungen festgestellt hatte, war absolut nichts vorzuwerfen, da der schlaue Wirt offenbar mit dem Wareneinsatz recht geschickt gearbeitet hatte. Ganz so schlau war der Wirt aber doch nicht, denn ansonsten hätte er wohl verhindert, dass seiner Frau, mit der er schon seit längerer Zeit nicht mehr harmonierte, während seines unvorhersehbaren Spitalsaufenthalts das corpus delicti, nämlich das Sparbuch, in die Hände fiel. Gleich zu Prüfungsbeginn wurde der Unternehmer mit den für ihn unerfreulichen Tatsachen konfrontiert. Nachdem er die Frage, ob er etwa im Toto einen größeren Gewinn erzielt habe, mit dem sich die Vermögenszuwächse erklären ließen, leider hatte verneinen müssen, griff der sich für besonders schlau haltende Dorfgastronom wieder einmal ganz tief in die Trickkiste:

Er habe nämlich einen äußerst intelligenten Hund, der ihm auf wundersame Weise regelmäßige Einnahmen verschaffe.

Speziell dressierter Hund?

Der Hund habe einst die Hundeschule besucht; seine Spezialität sei das Apportieren von Bällen, Holzprügeln und anderen Gegenständen. Wenn nämlich die Gäste in der Gaststube Karten spielten, dann würden sie regelmäßig Zehnschilling-Münzen in jene Ecke werfen, in der sich der Hund gerade befinde. Dieser apportiere die Münzen und bringe sie brav seinem Herrl. Besagtes Kunststück gefiele den Gästen so gut, dass sie einen regelrechten Sport daraus gemacht hätten und jeden Abend unter großem Gejohle und vielleicht auch nicht mehr ganz nüchtern dem Hund unzählige Zehnschilling-Münzen zuwerfen. Er, der Wirt, behalte sich dann natürlich die Münzen. Und auf diese Weise können schon 100.000 Schilling und sogar mehr pro Jahr zusammenkommen. Damit sei auch der ungeklärte Vermögenszuwachs ganz einfach erklärt.

Der Prüfer, ein immer an das Gute im Menschen glaubender Beamter, überlegte sich schon, wie und mit welchen Verrenkungen es der Hund denn schaffen würde, mit seiner Zunge den Zehner aufzusaugen und dann seinem Herrl zu bringen. Wenn das klappte, so wäre der Gastwirt mit seinem Bernhardiner auf jedem Jahrmarkt wohl die Sensation schlechthin. Auch machte er sich so seine Gedanken über das weitere steuerliche Schicksal der tausenden Zehnschilling-Münzen. Dabei kam er zum Ergebnis, dass nach der allgemein geläufigen Definition (nämlich Selbstständigkeit, Gewinnerzielungsabsicht, Teilnahme am allgemeinen wirtschaftlichen Verkehr und Nachhaltigkeit) jedenfalls Einkünfte aus einem Gewerbebetrieb vorliegen müssten. Allein schon aus diesem Grund sei aus der Argumentation des Wirtes für diesen nichts zu gewinnen. Allenfalls könnten ja die Hundesteuer, das Futter und die Kosten für den Tierarzt als Betriebsausgaben berücksichtigt werden, durchfuhr es ihn noch, als ihm plötzlich einfiel, dass er zufällig selbst gerade einen Zehner eingesteckt hatte. Folglich galt es die Probe aufs Exempel zu machen. Er warf dem Hund eine Münze zu, das behäbige Tier wurde zwar durch das Scheppern der Zehnschilling-Münze in seiner Lethargie minimal gestört, blinzelte auch kurz mit dem rechten Auge, verharrte aber ansonsten völlig regungslos in seiner Schlafstellung und wackelte nicht einmal mit dem berühmten „Ohrwaschl“.

Nun blieb dem Wirt nichts mehr Anderes übrig als zuzugeben, dass er die beachtlichen Differenzen mit Schwarzumsätzen erzielt hatte.

Aber so schnell wollte er nicht aufgeben. Ein Teil der Ersparnisse sei ja der Lohn seiner Frau, der den Prüfer nichts anginge. Aber auch da machte der Wirt die Rechung ohne den Wirt, der in diesem Fall eigentlich Betriebsprüfer war. Also wurde über die Höhe des Lohns verhandelt. Während der Mann vor Gericht von einer Aufteilung der Spareinlage nichts wissen wollte, war er plötzlich seiner Frau gegenüber recht großzügig und so einigte man sich im Nachhinein auf einen durchaus angemessenen Lohn. Die gesamten Spareinlagen wurden zum Umsatz hinzugerechnet, der Wareneinsatz und der Lohn der Gattin wurden als Betriebsausgaben anerkannt und der Wirt freute sich über die daraus resultierende, nicht unerhebliche Gewinnminderung. Dabei hatte er allerdings übersehen, dass auch Lohn- und Sozialabgaben angefallen waren.

Umsatz-, Einkommen- und damals auch noch Gewerbe- und Vermögensteuer fielen in nicht gerade geringer Höhe an. Und selbst die Zinsen auf dem Sparbuch waren zu jener Zeit noch extra zu versteuern und zwar ausschließlich beim Ehemann, der ja als Einziger das Losungswort des Sparbuchs gekannt hatte, weshalb es ihm zur Gänze zuzurechnen war. In Summe machte die „Rechnung" des Finanzamtes 1,4 Millionen Schilling aus. Der Strafreferent seinerseits verlangte noch einmal 400.000 Schilling, alles in allem doch ein recht erklecklicher Betrag, vor allem, wenn man bedenkt, dass sich der Fall vor über 20 Jahren abspielte. Die Gattin bekam schließlich noch einige Hunderttausend Schilling und den Rest teilten sich die Rechtsanwälte auf, woraufhin das langwierige Scheidungsverfahren interessanterweise recht schnell beendet war. Selbstverständlich wollte die Finanz, die natürlich aufgrund der Spareinlage wusste, dass die vorgeschriebenen Steuern nur mehr abgeholt zu werden brauchten, das Geld sofort haben. Also marschierte der junge Prüfer, nachdem ihm der Wirt schweren Herzens das Losungswort genannt hatte, mit einem Einbringungsbeamten zur Bank und behob die Steuernachforderung. Der Unternehmer weinte wie ein kleines Kind, denn der Einlagestand auf dem einst so gut bestückten Sparbuch war mittlerweile derart dahingeschmolzen, dass der Wirt gerade noch eine Dose Hundefutter kaufen konnte.

Die Abschiedsworte des Prüfers an den Gastwirt lauteten: „Merken Sie sich: Wenn zwei sich streiten, freut sich der dritte, in dem Fall das Finanzamt!"

Die zuckerkranke Hauskatze oder „Die Murli war's"

Der Inhaber eines oststeirischen Kaffeehauses hatte bei der Betriebsprüfung so einigen Erklärungsbedarf. Der Kaffeeumsatz, vor allem der mit ihm zusammenhängende Wareneinsatz, hatte die Aufmerksamkeit des Betriebsprüfers erregt. Ihm war nämlich aufgefallen, dass das Verhältnis zwischen der verbrauchten Milch und den verkauften Kaffeeportionen nicht stimmte. Hätte man den diesbezüglichen Aufzeichnungen geglaubt, so hätten die Gäste Unmengen von Milch in ihre Kaffeetassen geschüttet, solche Mengen, dass der Kaffee eigentlich nicht braun, sondern im hellsten Weiß hätte erscheinen müssen.

Offenbar hatte der Wirt zwar den Kaffeeeinsatz so plausibel gekürzt, dass er nur jene Menge in die Buchhaltung aufgenommen hatte, die offiziell verkauft worden war. Nur bei der Milch hatte er darauf vergessen. Vom Prüfer auf diese Diskrepanz angesprochen, gab er lapidar zur Antwort: „Die Murli war's. Die Katze hat die fehlende Milchmenge gesoffen." Worauf der Prüfer antwortete: „Die muss aber wohl zuckerkrank gewesen sein. Wie sonst könnte eine einzige Katze 100 Liter Milch pro Monat saufen?"

Der beste Gast

Ein Dorfgasthaus in Oberösterreich, ein typischer Familienbetrieb, stand auf dem Prüfungsplan. Recht bald hatte der Prüfer festgestellt, dass die Kalkulation nie und nimmer stimmen konnte. Mit diesem Problem konfrontiert, erklärte die resche Wirtin: „Naja, wir haben halt einen recht hohen Eigenverbrauch. Mein Mann, der braucht täglich einen Doppler Rotwein. Und am Nachmittag trinkt er noch seine Flasche Rum."

Nun soll es ja bereits vorgekommen sein, dass Betriebsprüfern von den geprüften Unternehmern nicht immer die ganze Wahrheit gesagt wird, und so dachte sich wohl auch der Prüfer dieses Gasthauses, dass die Wirtin mit dieser Aussage einen untauglichen Versuch unternommen habe, die Steuerlast ihres Betriebes ein wenig zu drücken.

Doch bereits am ersten Vormittag konnte er beobachten, wie der Wirt einen roten Doppler öffnete und gleich aus der Flasche einen ordentlichen Zug nahm. Dieser Vorgang wiederholte sich ein paar Mal, und bis Mittag war der Doppler leer. Zwischendurch hatte der Wirt seine Gäste bedient, ohne dass irgendjemand sein Alkoholspiegel auffiel. Offensichtlich war der Wirt selbst sein bester Gast. Am frühen Nachmittag ging er schließlich zu Härterem über und machte sich über die Flasche Rum her. Als der Prüfer am späteren Nachmittag seine Sachen packte, war auch die Rumflasche bereits geleert. Dieser Vorgang zuerst der Doppler Rotwein, dann die Flasche Rum – wiederholte sich auch an den folgenden vier Prüfungstagen. Bei Berücksichtigung der Trinkgewohnheiten des Wirtes ergab sich kalkulatorisch tatsächlich ein völlig anderes Bild. Kurzum, die Kalkulation hätte plötzlich gestimmt. Dies veranlasste den Prüfer dazu, die Wirtin zu fragen, seit wie vielen Wochen der Wirt denn schon so agiere. Darauf ihre Antwort: „Was heißt seit Wochen? Seit Jahren!"

Und noch ein „bester Gast"

Vor vielen Jahren hatte der sogenannte Bierskandal Österreich regelrecht mit „Schwarzbier" überschwemmt. Unter Schwarzbier ist allerdings nicht das so nahrhafte dunkle Bier zu verstehen, sondern durchaus helles, wenngleich nicht zu leugnen ist, dass das Schwarzbier für viele Gastronomen äußerst nahrhaft war, zumindest im übertragenen Sinn, nämlich für deren Geldbörse. Mehrere Brauereien hatten im großen Stil landauf, landab unzählige Gastronomiebetriebe mit eben diesem Schwarzbier beliefert und zwar dergestalt, dass neben dem mit offizieller Rechnung gelieferten Bier auch sogenannte Barverkäufe getätigt wurden. Diese Praxis ließ sich vor der Finanzverwaltung nicht allzu lange geheim halten und so wurden österreichweit hunderte Gastronomiebetriebe geprüft. Diese Prüfungen gestalteten sich nicht besonders schwierig, konnten doch anhand der bei den Brauereien beschlagnahmten Buchhaltungsunterlagen die von den Wirten getätigten Schwarzeinkäufe, die mengenmäßig in der Regel deren Schwarzverkäufen entsprachen, exakt nachgewiesen werden. Die Kontrollen erwiesen sich somit für den Fiskus als äußerst ertragreich. Sie wurden daher zügig abgeschlossen, die Wirte leisteten die Steuernachzahlung und wurden obendrein rechtskräftig wegen Abgabenhinterziehung bestraft. Doch ein Finanzamt hatte einen Fall eines besonders widerspenstigen Wirtes zu behandeln, der sich mit dem festgestellten Mehrergebnis der Betriebsprüfung absolut nicht einverstanden erklären wollte. Sein Steuerberater brachte gegen die neuen Bescheide Rechtsmittel ein. Die Menge der von der Betriebsprüfung festgestellten Bareinkäufe sei zwar richtig, brachte er vor. Allerdings könne daraus noch nicht zwingend der Schluss gezogen werden, dass diese „schwarz" eingekauften Mengen tatsächlich weiterverkauft worden seien. Schwarzverkäufe seien zwar zuzugeben, führte der Steuerberater aus, doch keinesfalls in dem vom Finanzamt angenommenen Ausmaß. In Wahrheit sei nämlich stets der Gastwirt selbst der beste Kunde seines Lokals gewesen, so wohl auch im Prüfungszeitraum. Als schwerer Alkoholiker habe er täglich unzählige Krügerln Bier getrunken, welche naturgemäß nicht verkauft worden sein konnten und zwar weder „schwarz" noch „weiß".

Selbstverständlich gilt auch vor dem Finanzamt der alte Grundsatz, dass derjenige, der etwas behauptet, dafür beweispflichtig ist. Folglich bot der gefinkelte Steuerberater des trinkfesten Wirts an, dessen Hausarzt von der ärztlichen Verschwiegenheitspflicht zu entbinden, damit dieser die bereits seit Jahren bestehende, fortgeschrittene Alkoholkrankheit des Wirtes bestätige. Auch könnten dessen sämtliche Nachbarn und Stammkunden befragt werden. Sie alle würden gewiss dasselbe aussagen. Zudem legte der Steuerberater Befunde des örtlichen Krankenhauses vor, aus denen eine eindeutige, auf jahrelangen Alkoholmissbrauch zurückzuführende Leberschädigung hervorging. Beim Studium der Befunde gelangten selbst die involvierten Finanzbeamten als medizinische Laien zum Ergebnis, dass der irdische Lebensweg des Wirts sich wohl nicht mehr allzu lang hinziehen werde. Dem Finanzamt blieb somit nichts Anderes übrig, als dem Vorbringen des Steuerberaters Glauben zu schenken.

Einen Etappensieg hatte er somit bereits errungen. In der zweiten Phase des Berufungsverfahrens ging es lediglich darum, die Anzahl der vom Wirt selbst konsumierten und folglich nicht verkauften Biere in einer den tatsächlichen Verhältnissen möglichst nahekommenden Art und Weise zu schätzen. Denn Aufzeichnungen darüber gab es begreiflicherweise nicht. Und wären solche vorhanden gewesen, so wäre deren Nachvollziehbarkeit insofern wohl nicht gegeben gewesen, als der Wirt, der Argumentation des Steuerberaters folgend, im möglichen Aufzeichnungszeitpunkt ja überwiegend betrunken gewesen sein musste. Folglich schlug der Steuerberater vor, im Schätzungswege von einem durchschnittlichen täglichen Bierkonsum des Wirts im Ausmaß von sechs Krügerln auszugehen. Damit konnten sich die Beamten jedoch nicht anfreunden, da ein Alkoholiker erfahrungsgemäß ja nicht nur Bier, sondern auch Wein und Spirituosen in großem Ausmaß konsumiert. Und dass der Mann ausschließlich Bier trinke, lasse sich selbst aus den vom Steuerberater vorgelegten Befunden nicht ableiten, argumentierten die Beamten. Hinsichtlich anderer Getränke waren glücklicherweise (aus der Sicht des Finanzamtes) keine Schwarzeinkäufe festgestellt worden. Schließlich einigte man sich auf vier Krügerl pro Tag, was 120 Krügerln pro Monat bzw. 1.440 Krügerln pro Jahr entsprach. Bei einem Prüfungszeitraum von fünf Jahren ergaben sich somit 7.200 Krügerl oder 72 Fass Bier, die nicht den Weg über die Schank, sondern ausschließlich jenen über die durstige Kehle des Wirtes gegangen waren. Der Berufung war insofern stattzugeben, als durch die kaum widerlegbare Argumentation des Steuerberaters Steuern in beträchtlichem Ausmaß wieder gutzuschreiben waren. Allzu schwer dürfte die Alkoholkrankheit des Gastronomen freilich nicht gewesen sein, lebte und trank er doch nach der Betriebsprüfung noch 15 Jahre weiter, ehe er, weit über 80, tatsächlich an Leberzirrhose starb. Dass die Brauerei aufgrund der großartigen Verdienste, die sich der Mann um die heimische Bierkultur erworben hatte, zum Begräbnis einen besonders kostspieligen Kranz spendete, ist allerdings nur ein böses Gerücht.

Und die Bibel hat doch recht

Ein in einer Umlandgemeinde einer Landeshauptstadt gelegenes Gasthaus bekam Besuch vom Finanzamt in Gestalt eines Betriebsprüfers.

Auf den ersten Blick schienen die Aufzeichnungen wie das Wareneingangsbuch und das Losungsheft in bester Ordnung zu sein, sodass sich der Prüfer anderen Unterlagen zuwandte. Er staunte nicht schlecht, als er im Anlagenverzeichnis den Zubau eines Saales zum bestehenden Gasthausgebäude entdeckte und die dort verzeichneten Baukosten eher auf ein kleines Magazin als auf eben diesen Saal von rund 300 Quadratmetern Nutzfläche hindeuteten.

Bereits die Bibel beschreibt im Kapitel über die Bergpredigt die wundersame Vermehrung von Fisch und Brot. Ein Hinweis auf die ebenso wundersame Vermehrung von Bausubstanz fehlt jedoch im Buch der Bücher gänzlich.

Da der Betriebsinhaber auf die Frage des Prüfers, wie er sich denn die krasse Diskrepanz zwischen den gebuchten und den schätzungsweise um das Sechs- bis Achtfache höheren tatsächlichen Baukosten erkläre, keine schlüssigen Antworten zu geben imstande war, begab sich der Prüfer in das nahegelegene Gemeindeamt. Dort nahm er Einsicht in den Bauakt, um Details über die Baulichkeit zu erfahren und so die Kosten einigermaßen genau ermitteln zu können. Gesprächsweise erfuhr er beim Besuch im Gemeindeamt, dass in diesem Saal so ziemlich alle in der Gemeinde stattfindenden Hochzeitsfeiern abgehalten wurden und dass der rührige Herr Gemeindesekretär als Hobbyfotograf ein gern gesehener Gast bei diesen Hochzeitsfeiern war, zeichneten sich doch alle seine Bilder durch ihre hervorragende Brillanz und Schärfe aus.

Brillanz und Schärfe des Geistes veranlassten den Prüfer dazu, den Herrn Gemeindesekretär ein wenig über sein Hobby zu befragen. Dieser – voll Stolz, dass auch trockene Finanzbeamte eine Vorliebe für künstlerische Arbeiten haben – erbot sich, dem Prüfer seine Werke der letzten Jahre zu präsentieren. Penibel, wie es sich für einen Beamten, der der Gemeindesekretär ja schließlich auch war, gehört, hatte er die Bilder in Fotoalben eingeklebt und zur Krönung und Vervollständigung noch die jeweiligen Menükarten beigeheftet. Dem Wunsch des Prüfers, ihm doch etliche dieser Bilder und Menükarten leihweise zu überlassen, kam er bereitwillig und mit größter Freude nach. Da aus den Menükarten aber auch die Tage der Hochzeitsfeierlichkeiten ersichtlich waren, war es für den Prüfer kein besonderes Kunststück mehr, die diversen Speisenabfolgen der Festmähler mit den Aufzeichnungen im Wareneingangsbuch des Wirtes zu vergleichen.

Trotz sorgfältigster Recherchen gelang es dem Prüfer aber nicht, die Ingredienzien der anlässlich der Hochzeiten verspeisten Köstlichkeiten aufzufinden. Vielmehr waren vor manchen Festtagen lediglich zwei Dutzend Frankfurterwürstchen und die dazugehörigen Semmeln als Wareneingang verbucht. Da jedoch die bereits zitierte Bibel, wie anlässlich der Hochzeit zu Kanaan geschildert, nur die Verwandlung von Wasser in Wein beschreibt, nicht jedoch die von zwei Dutzend Frankfurterwürstchen in ein opulentes Hochzeitsmahl für 60 Personen, blieb dem feinen Herrn Gastwirt nichts Anderes übrig, als einzuräumen, dass er zwar ein frommer Christ sei, er die Bibel jedoch nur unzureichend gelesen hatte. Vor allem die Passage „Gebt dem Kaiser, was des Kaisers ist“, dürfte er überlesen haben. Der dennoch für ihn einigermaßen günstige Ausgang der Prüfung war freilich nicht der Bibelfestigkeit des Prüfers zu verdanken, sondern dem Umstand, dass – und solche Wunder beschreibt die Bibel nicht – der Wirt noch einen dicken Ordner mit nicht verbuchten Baurechnungen hervorkramte, wodurch sich mangels zuvor geltend gemachter Vorsteuern zumindest bei der Umsatzsteuer fast ein Nullsummenspiel ergab.

Ob der Gemeindesekretär dort weiterhin Hochzeiten fotografierte, ist nicht bekannt. Ob er die mit den Bildern erzielten Einnahmen versteuert hat, auch nicht.

Nur für Erwachsene

Die steuerliche Mär, und davon gibt es mindestens so viele, wie es Steuerpflichtige gibt, erzählt von einer Schlussbesprechung nach der Betriebsprüfung eines Gasthauses, bei der es heiß hergegangen ist. Der Prüfer und sein Gruppenleiter auf der einen, der Betriebsinhaber und sein Steuerberater auf der anderen Seite, warfen sich ordentlich ins Zeug, Rede und Gegenrede, Argumente und Gegenargumente flogen hin und her und alle Beteiligten kamen gehörig ins Schwitzen. Schlussendlich mussten sich der Gastwirt und sein Steuerberater geschlagen geben, waren doch der Buchführungsmängel zu viele entdeckt worden. Die Prüfung endete mit einer zwar schmerzlichen, aber doch tragbaren Steuernachforderung.

Nach geschlagener „Schlacht" verspürten Gruppenleiter und Steuerberater, beide bereits im nicht mehr ganz jugendlichen Alter, ein menschliches Bedürfnis und verließen den Büroraum, um sich in der gasthäuslichen „Muschelbar" Erleichterung zu verschaffen. Als beide friedlich nebeneinander vor den Muscheln standen und die Hosen, die im geschlossenen Zustand dem geplanten Vorhaben entgegenstanden, öffneten, meinte der Steuerberater trocken: „Eines steht eindeutig fest, Herr Regierungsrat, jetzt ziehen Sie den Kürzeren".

Kein Glückspilz

Ein Betriebsprüfer eines Landfinanzamtes unternahm mit seiner Familie einen Sonntagsausflug. Nach ausgiebiger Wanderung stellte sich Hunger ein und man suchte zwecks Labung einen beliebten ländlichen Ausflugsgasthof auf. Die Speisenauswahl gestaltete sich schwierig. Die Kinder wollten kein Fleisch; Fisch, der den Geschmack der Familie getroffen hätte, war nicht vorrätig, als die bereits etwas genervte, aber immer noch höfliche Kellnerin folgenden Vorschlag machte: „Die Spezialität des Tages, die aber nicht auf der Karte steht, sind frische gebackene Steinpilze."

Dieser Vorschlag überzeugte und schließlich genoss die ganze Familie die herrlichen Steinpilze. Als Beilage gab es ebenso bestens mundenden gemischten Salat mit herrlichem steirischem Kürbiskernöl.

Der Betriebsprüfer, ein äußerst penibler Beamter, der auch im Privatleben seine Genauigkeit nicht abstreifen konnte, bewahrte die Rechnung, die er mit seiner Kreditkarte beglichen hatte, auf. Man kann schließlich ja nie wissen, ob nicht der Kreditkartenfirma einmal ein Fehler unterläuft.

Wie es der Zufall so wollte, wurde ihm zwei Jahre später just dieser Ausflugsgasthof als Prüfungsfall zugeteilt. Der Prüfer, der sich noch immer an das herrliche Pilzgericht erinnerte, suchte allerdings im Wareneingangsbuch vergeblich nach einem Pilzeinkauf. Weder zur besagten Zeit noch im gesamten Prüfungszeitraum waren jemals Pilze eingekauft worden. Wenn aber, so der messerscharfe Schluss des Prüfers, keine Pilze eingekauft, aber herrliche Pilzgerichte verkauft worden waren, so lag die Wahrscheinlichkeit, dass man in der Buchhaltung nur deshalb auf das Absetzen der auf den Wareneinkauf für die Pilze entfallenden Aufwendungen verzichtet hatte, weil man die köstlichen Pilzgerichte eben „schwarz" verkauft hatte, bei 100 Prozent.

Bei der Schlussbesprechung kam natürlich auch dieser Punkt zur Sprache. Pilze seien in diesem Lokal überhaupt kein Thema, erwiderte der Steuerberater. Die würden ja so schnell verderben. Und wenn die Nachfrage gering sei, dann müsse man sie wegwerfen. Dass sich das kein Unternehmer leisten könne, müsse doch gerade ihm, dem Betriebsprüfer, der ja sicher ein wirtschaftlich denkender Mensch sei, einleuchten.

Nun war die Stunde des Prüfers gekommen, zog er doch die fein säuberlich aufbewahrte Rechnung aus der Tasche, die ihm seinerzeit für das herrliche Pilzgericht ausgestellt worden war.

„Komisch", meinte er, „und wir haben gleich zu viert die herrlichen Steinpilze bei Ihrem Mandanten genossen. Meine Frau schwärmt heute noch davon. Und wenn offiziell keine Steinpilze eingekauft wurden, dann müssen sie wohl schwarz verkauft worden sein."

Der Steuerberater stockte kurz, um sogleich zum Gegenangriff überzugehen:

„Ihre Argumentation weist einen ganz wesentlichen Denkfehler auf", entgegnete er schlagfertig. „Der Gastwirt ist ein leidenschaftlicher Naturliebhaber, der frühmorgens die Wälder durchstreift und bei der Pilzsuche eben extrem erfolgreich ist. Er hat selbstverständlich nur die eigenhändig gesammelten Pilze verkauft und das ist ja wohl nicht verboten."

Der Gastwirt, der die ganze Zeit hindurch dem Streitgespräch intensiv gelauscht hatte, nickte ob dieser anscheinend überzeugenden Argumentation des Steuerberaters nur stumm und mochte sich im Stillen wohl denken, dass er mit so einem Steuerberater ein wahrer Glückspilz sei und der Mann sein Geld ganz bestimmt wert sei. Doch irgendwie musste er eine ungeschickte Bewegung gemacht haben, denn plötzlich fiel eine seiner beiden Krücken, die die ganze Zeit neben ihm gelehnt hatten, zu Boden, worauf der Prüfer nur trocken bemerkte: „Komisch, das ist der erste Mensch, den ich kenne, der mit Krücken die heimischen Wälder durchstreift, nur um seinen Gästen stets frische Steinpilze bieten zu können. Und wenn Sie jetzt auch noch behaupten, dass er in den Prüfungsjahren noch nicht gehbehindert war, dann frage ich mich nur, weshalb er seit über zehn Jahren einen Freibetrag wegen einer Gehbehinderung als außergewöhnliche Belastung in seinem Steuerakt geltend macht."

Da begann der Unternehmer zu schmunzeln und fragte nur: „Also gut, was soll das kosten?"

Man einigte sich auf einen angemessenen Sicherheitszuschlag. Ob im Anschluss an die Schlussbesprechung gebackene Steinpilze serviert wurden, ist leider nicht überliefert.

Teure Fotos

Eine Betriebsprüferin, die nebenberuflich ein kleines Unternehmen betrieb, befand sich in ihrer Freizeit gerade in einem Großmarkt für Wiederverkäufer, in dem man üblicherweise nur einkaufen kann, wenn man seine Kundenkarte vorweist. Als sich die Prüferin der Kasse näherte, beobachtete sie den unmittelbar vor ihr wartenden Kunden – offensichtlich einen Gastwirt – der zwei Einkaufswagen mit Bier, Wein, Limonade und Spirituosen bis obenhin vollgepackt hatte.

Zunächst gab er der Kassierin seine Kundenkarte und bat sie für die auf dem ersten Einkaufswagen befindlichen Getränke eine Rechnung auf seinen Namen auszustellen. Für die Waren auf dem zweiten Einkaufswagen verlangte und bekam er eine Barverkaufsrechnung. Durch diese Beobachtung stutzig geworden, gelang es der Betriebsprüferin mit ihrem Handy unbemerkt ein Foto zu machen, auf dem sowohl die beiden Einkaufswagen als auch der Gastwirt abgebildet waren. Ein weiteres Foto schoss sie, nachdem sie den Großmarkt verlassen hatte, auf dem Parkplatz, als sich der Mann gerade anschickte, die Einkäufe in seinem Minivan zu verstauen. Über das Autokennzeichen – es handelte sich um ein Fahrzeug, das im Finanzamtsbezirk der Prüferin zugelassen war – war es der Betriebsprüferin schließlich ein Leichtes, Namen und Anschrift des Mannes festzustellen. Er war tatsächlich Gastwirt. Als einige Zeit später (allerdings von einer anderen Betriebsprüferin) bei ihm eine Prüfung durchgeführt wurde, warf diese zunächst zielstrebig einen Blick ins Wareneingangsbuch des betreffenden Tages und meinte lakonisch, dass das wohl nicht alles gewesen sein könne. Doch der Mann leugnete. Er wisse gar nicht, was die Prüferin eigentlich wolle. Allerdings war er einem Ohnmachtsanfall nahe, als sie ihm die Fotos unter die Nase hielt.

Und auch mit dem Strafreferenten des Finanzamtes musste der Wirt noch intensiv in Kontakt treten. Die beiden Fotos sind den Mann somit durchaus teuer zu stehen gekommen.

Ganz ähnlich ist es dem Wirt aus der folgenden Geschichte ergangen:

Zehn Minuten

Ein Großmarkt für Wiederverkäufer war ins Visier der Steuerfahndung geraten, hatte sie doch festgestellt, wie in vielen Fällen die Kaufabwicklung erfolgt war: Bei der Banderfassung, somit zu dem Zeitpunkt, wenn der Kunde die gekauften Waren auf das Förderband legt, wurde er gefragt, ob die Waren auf Rechnung gehen oder als Barverkauf behandelt werden sollen. Auf Rechnung bedeutet, dass die Abrechnung über die Kundenkarte erfolgt. Im Fall des Barverkaufs erfolgt der Verkauf, ohne dass der Name des Unternehmers, meist ein Gastwirt, aufscheint.

Diese Art der Kaufabwicklung muss ein wahres Eldorado für Steuerhinterzieher gewesen sein, denn umfangreiche EDV-Auswertungen seitens der Steuerfahndung ergaben unzählige Fälle von Barverkäufen, wobei österreichweit lediglich die betragsmäßig allergrößten einer Betriebsprüfung unterzogen wurden und zwar nur jene, für die aufgrund des zeitlichen Zusammenhanges bzw. der Gleichheit der Warengruppen unzweifelhaft feststand, dass es sich beim Käufer um dieselbe Person handelte, die mehr oder weniger gleichzeitig mit ihrer Kundenkarte eingekauft hatte. Bei zahlreichen dieser Fälle kam es natürlich auch zu Finanzstrafverfahren.

Einer dieser Unternehmer, ein bisher finanzstrafrechtlich nicht in Erscheinung getretener Betreiber eines seit Jahrzehnten bestens florierenden Gourmettempels, war dem Strafreferenten kein Unbekannter, hatte er doch selbst dort gelegentlich bestens gespeist. Nach der Schlussbesprechung und nachdem eine empfindliche Strafe ausgesprochen worden war, somit eindeutig nach Beendigung der Amtshandlung, sagte der Strafreferent zum Unternehmer: „Also ich habe Sie immer als gewieften und mit allen Wassern gewaschenen Geschäftsmann eingeschätzt. Und ich will und darf Sie ja auch nicht noch im Nachhinein zur Steuerhinterziehung anstiften. Aber, wenn Sie es etwas schlauer angegangen wären, hätten Sie große Chancen gehabt, nicht ertappt zu werden."

„Da bin ich aber gespannt, welche geheimen Tricks Sie mir jetzt verraten werden", entgegnete dieser.

„Ganz einfach. Sie hätten nur zuerst die unter dem Titel Kundenkarte erfassten Waren des ersten Einkaufswagens bezahlen und unmittelbar darauf für zehn Minuten ins Restaurant des Großmarktes auf einen Kaffee gehen müssen. Nach Ihrer Rückkehr hätten Sie dann bedenkenlos die als „Barverkauf" titulierten Waren des zweiten Einkaufswagens bezahlen können, ohne dass irgendjemand einen Zusammenhang zwischen Ihren beiden Einkäufen hätte herstellen können."

Darauf der erstaunte Gastronom: „Also von der Finanz kann man tatsächlich noch etwas lernen."

Lapidare Antwort des Beamten: „Nein, eher doch nicht, denn inzwischen hat der Großmarkt sein System umgestellt."

Kaffee „schwarz" verkauft?

Auf dem Prüfungsplan stand ein gut frequentiertes Café auf dem Hauptplatz einer steirischen Bezirksstadt. Eines Morgens saßen der Kaffeehauspächter und der Prüfer an einem Tisch im Lokal. Die Buchhaltungsunterlagen waren ausgebreitet und die Gattin des Chefs servierte Kaffee. Danach setzte sie sich ebenfalls an den Tisch und verfolgte aufmerksam und wohl auch mit einer gewissen Anspannung das Gespräch.

Der Prüfer, der wegen seiner direkten Art bekannt, aber auch gefürchtet war, fragte den Cafetier ohne Umschweife: „Jetzt sagen Sie einmal ganz ehrlich, wie viele Tassen Kaffee verkaufen Sie eigentlich pro Tag schwarz?“

Darauf der Cafetier: „Naja, es werden höchstens 20 Tassen pro Tag sein.“

Der Prüfer nahm die Antwort schweigend zur Kenntnis und begann zu rechnen.

Die neben dem Pächter sitzende Gattin wurde plötzlich kreidebleich im Gesicht – hatte sie sich doch blitzschnell ausgerechnet, dass wegen dieser ungeschickten Äußerung ihres Mannes bei einer wöchentlichen Öffnungszeit von sechs Tagen und einem dreijährigen Prüfungszeitraum eine immense Nachzahlung entstehen werde. Sie verpasste ihrem Mann unter dem Tisch einen so heftigen Fußtritt, dass nicht nur der Tisch wackelte, sondern auch die Milch aus der Kanne herausschwappte.

„Die restlichen Tassen“, so antwortete ihr Mann, „die verkaufen wir nämlich mit Milch.“

Kapitel 5

Hotels, Absteigen und Haubenlokale

Profit Neujahr!

Bei einem in einem obersteirischen Wintersportort gelegenen feinen Hotel fand eine Betriebsprüfung statt. Ein älterer erfahrener Prüfer war gerade dabei, einen jungen Kollegen einzuschulen, als diesem auffiel, dass es im Dezember des letztgeprüften Jahres eine beträchtliche Divergenz zwischen den eingekauften, den verkauften und den folglich noch lagernden Sektflaschen gegeben hatte. Mit anderen Worten: Wenn man von der Summe der eingekauften Flaschen die Gesamtzahl der verkauften abzieht, müsste sich nach Durchführung dieser nicht besonders anspruchsvollen Rechenoperation die Anzahl der noch lagernden Flaschen ergeben.

Doch weit gefehlt: Nach der Inventur war nur mehr ein Bruchteil der Flaschen vorrätig. Auch dem jungen, noch gänzlich unerfahrenen Prüfer leuchtete ein, dass hier etwas nicht stimmen konnte. Und so hegte er den Verdacht, dass möglicherweise des Rätsels Lösung darin lag, dass der Hotelier die fehlenden Flaschen einfach „schwarz" verkauft hatte. Diese Entdeckung offenbarte er seinem Lehrmeister und der beauftragte ihn damit, den Hotelier über den Verbleib der fehlenden Flaschen zu befragen.

Die Differenz ließe sich nach den Angaben des Hoteliers aber ganz leicht erklären: In der Silvesternacht, so versuchte er den Prüfern weiszumachen, würden nämlich derartige Unmengen von Sekt getrunken, dass die hoteleigene Kühlanlage mit dem Kühlen gar nicht mehr nachkomme. Daher würden die Sektflaschen zwecks besserer Kühlung vor dem Hotel im Schnee vergraben. Die Gäste würden dann erfahrungsgemäß um Mitternacht – vielleicht nicht mehr ganz nüchtern – vor Freude über das neue Jahr im Schnee herumhüpfen, was dazu führe, dass nicht wenige Flaschen noch tiefer im Schnee vergraben werden, sodass man sie dann nicht mehr habe finden können.

Daraufhin brachen die Prüfer in Gelächter aus und der ältere meinte zum Hotelier: „Na Gott sei Dank ist jetzt bereits Ostern. Da gehen wir einfach hinaus und suchen heuer statt der Ostereier eben die Sektflaschen. Irgendwo müssen sie ja noch in der Wiese herumliegen."

Möglicherweise hat der Hotelier infolge übermäßigen Sektgenusses zum Jahreswechsel aber auch nur den üblichen Trinkspruch „Prosit Neujahr" mit „Profit Neujahr" verwechselt. Müßig zu erwähnen, dass sein Profit dank eines jungen Prüfers in der Folge empfindlich geschmälert wurde.

Waldfrieden

Ein Finanzbeamter und begeisterter Hobbyfußballer besuchte zwei Mal wöchentlich das Training. Um den dabei erlittenen schweißbedingten Flüssigkeitsverlust wieder wettzumachen, genehmigte er sich anschließend mit seinen Sportsfreunden noch das eine oder andere Bierchen. Auf dem Nachhauseweg kam er dabei zu später Stunde stets an der Pension Waldfrieden vorbei, auf deren Parkplatz er meist mehrere Autos mit Kennzeichen aus seinem Finanzamtsbezirk entdeckte. Das Geschäft in der Pension schien somit durchaus zu florieren.

„Eigenartig", dachte sich der Beamte nur, „warum müssen Leute, die in der Gegend wohnen, hier übernachten?"

Von Kollegen erfuhr er, dass die Pension Waldfrieden – nomen est omen – dafür bekannt war, ein beliebter Treffpunkt von Aktivisten der Friedensbewegung zu sein, bei der sich Menschen verschiedenen Geschlechts in Zweiergruppen bei intensiven Körperkontakten äußerst friedfertig betätigen. Dem Vernehmen nach sollen die Friedensbewegungen durchaus rhythmisch gewesen sein. Dass ausschließlich „Nahkampf" geübt wurde, ist nur scheinbar ein Widerspruch. Auch waren die Nahkämpfer und Nahkämpferinnen meist verheiratet, wenn auch niemals miteinander.

Vor der Pension stand eine Tafel mit der Aufschrift „Übernachtung pro Person € 17,50 ohne Frühstück". Denn ein solches wurde von den sich im Nahkampf übenden Gästen mangels Ausdauer bis in die frühen Morgenstunden, meist wohl auch aus familiären Gründen, ohnehin nur äußerst selten nachgefragt.

Trotz des offensichtlich bestens florierenden Geschäfts waren aus dem Steuerakt des Pensionsinhabers nur verschwindend geringe Einnahmen ersichtlich. Glaubte man den Angaben in den Steuererklärungen, so hätten in der etwas heruntergekommenen Pension bloß gelegentlich Zimmervermietungen stattgefunden, denn andere Leistungen, wie etwa alkoholische Getränke, wurden mangels Gasthauskonzession erst gar nicht angeboten. Der Finanzbeamte, dem die Sache etwas widersprüchlich erschien, hatte sich im Lauf der Zeit so seine Gedanken und auch ein paar Fotos gemacht. Darauf waren mit Datumsangabe einige Autos der Pensionsgäste, deren Kennzeichen und die Pension selbst abgebildet.

Im Zuge der Betriebsprüfung wurde der Pensionsinhaber mit den Fotos und mit dem Umstand konfrontiert, dass für manche Nächte, in denen zahlreiche Autos auf seinem Parkplatz abgestellt waren, wesentlich weniger Übernachtungen verbucht als Autos geparkt waren. Es sei zwar, so der Betriebsprüfer, durchaus logisch, dass bei Anreise mehrerer Personen mit nur einem Auto die Anzahl der Übernachtungen höher ist als die Anzahl der geparkten Autos. Aber der umgekehrte Fall, dass ein Gast mit mehreren Autos komme, sei ihm weder in seiner Funktion als Betriebsprüfer noch in der als mit reicher Lebenserfahrung gesegneter Privatperson jemals untergekommen, meinte der Prüfer.

Er könne sich das nur so erklären, brachte der Unternehmer vor, dass Spaziergänger ihre Autos nächtens unerlaubter Weise auf seinem Parkplatz abgestellt hätten. Diese Argumentation vermochte den Prüfer insofern nicht zu überzeugen, als ein Spaziergang in einer lauen Maiennacht, vielleicht sogar bei Vollmond, zwar durchaus romantisch sein kann. Aber weshalb sollte jemand – wie fotografisch eindeutig dokumentiert – sein Auto vor der Pension abstellen und in einer rauen Jännernacht um 23.15 Uhr einen Spaziergang unternehmen?

Blick in finanzinterne Datenbanken

Da der Unternehmer auf diese Frage letztlich keine wirklich plausible Antwort zu geben vermochte, befragte der Prüfer seinen Computer und ermittelte zunächst anhand der fotografierten Kennzeichen einen der Zulassungsbesitzer und dann dessen Arbeitsplatz. Anschließend rief er ihn dort an, wobei er großzügig auf ein in der Bundesabgabenordnung für derartige Fälle vorgesehenes förmliches Auskunftsersuchen verzichtete. Auf Befragen erklärte der Zulassungsbesitzer, dass er die Pension Waldfrieden nicht kenne und daher in der fraglichen Zeit dort auch keinesfalls sein Auto geparkt haben könne. Als ihm der Prüfer mitteilte, dass es eindeutige Beweise gäbe, gab der hartnäckige Mann zur Antwort, dass es sich wohl um eine Verwechslung handeln müsse, ausgelöst durch falsches Ablesen eines Kennzeichens.

„Aber Sie haben doch einen schwarzen Audi Quattro", gab der Prüfer zurück.

„Ja, ja das stimmt schon, aber ich war noch nie in dieser Pension, wie heißt sie schnell?", entgegnete der sichtlich genervte Mann.

Ein Schelm, wer denkt, dass der Prüfer, als er den nächsten Satz sprach, Böses im Schilde führte: „Selbstverständlich glaube ich Ihnen, aber nachdem das Finanzamt aufgrund der Erhebungen festgestellt hat, dass in Ihrer Familie nur ein Auto angemeldet ist, wird wohl Ihre Frau dort geparkt haben. Es wird mir daher nichts Anderes übrigbleiben, als auch Ihre Frau zu befragen."

Für den Bruchteil einer Sekunde dachte der Beamte, dass der Mann vielleicht doch die Wahrheit gesagt haben könnte. Sollte tatsächlich seine Frau mit einem Liebhaber dort „verkehrt" haben? Hatte der Beamte mit seiner List möglicherweise eine veritable Ehekrise ausgelöst?

Der Mann stockte, brachte intensiv nach Luft ringend einige Sekunden lang kein Wort heraus, bevor er schließlich vorschlug, noch am selben Tag ins Finanzamt zu kommen, um die Sache restlos aufzuklären. Und der Beamte möge doch um Gottes Willen auf die Befragung der Ehegattin vorerst verzichten.

Kaum eine halbe Stunde später stand er im Zimmer des Beamten. Unter Zusicherung vollster Vertraulichkeit und nachdem er dem Beamten das Versprechen abgerungen hatte, seine Ehefrau keinesfalls zu kontaktieren, gab er niederschriftlich zu Protokoll, dass er am fraglichen Tag und – nach kräftigem Insistieren des Prüfers – auch an zahlreichen anderen Tagen bzw. Nächten (sein geheimer Terminkalender gab Aufschluss darüber) das eine oder andere Schäferstündchen mit seiner Freundin in der Pension Waldfrieden verbracht hatte.

Dummerweise war jedoch kein einziger dieser Aufenthalte in den Aufzeichnungen des Pensionsinhabers erfasst. Wie nicht anders zu erwarten war, erbrachte auch ein Abgleich mit den bei der Gemeinde aufliegenden Meldedaten keinerlei Hinweise auf den überdurchschnittlich intensiven „Kundenverkehr" in der Pension Waldfrieden.

Und als der Prüfer, noch tiefer in die Trickkiste greifend, tags darauf mehr bluffend als ernsthaft gegenüber dem Pensionsinhaber ankündigte, er könne – falls dies gewünscht werde – durchaus noch weitere Zeugenaussagen beibringen, brach die ohnehin nicht sehr stabile Spaziergangsvariante wie ein Kartenhaus in sich zusammen und einer ordentlichen Zuschätzung stand nichts mehr im Wege.

Und so hatten letztlich alle ihren Frieden: der noch mit einem blauen Auge davongekommene Ehebrecher, dessen Frau, die nie von der Sache erfuhr, der Betriebsprüfer, der eine Prüfung äußerst erfolgreich abgeschlossen hatte, und auch der Pensionsbetreiber. Denn Zahlen bringt bekanntlich Frieden. Auch in der Pension Waldfrieden. Wie allerdings gerüchteweise aus der Gemeindestube verlautet, hat der Unternehmer bereits ein Bauansuchen zur Errichtung einer Tiefgarage eingereicht.

Das Einkaufssackerl

Im Zuge der Prüfung eines als Familienbetrieb geführten Haubenlokals war immer wieder vorgebracht worden, wie schlecht das Lokal gehe. Man könne sich nur geringste Privatentnahmen leisten, was sich unter anderem darin widerspiegelte, dass das Unternehmerehepaar vorwiegend in alter, abgetragener Kleidung herumlief. Der Zufall wollte es, dass der Prüfer im Vorzimmer ein Einkaufssackerl eines noblen Bekleidungshauses hatte stehen sehen. Da er sich nicht erklären konnte, wie dieses Sackerl zur Aussage passte, dass man sich wegen des außerordentlich schlechten Geschäftsganges nicht einmal ordentlich kleiden könne, sah er dringenden Handlungsbedarf. Ihm war bekannt, dass dieses Bekleidungshaus für die jährlich getätigten Einkäufe einen Jahresbonus gewährte und aus diesem Grund die Einkäufe der jeweiligen Kunden gespeichert wurden. Folglich begab er sich mit einem Auskunftsersuchen nach § 143 Bundesabgabenordnung in die Nobelboutique und ließ sich eine Liste mit den vom Unternehmerehepaar im Prüfungszeitraum getätigten Einkäufen ausdrucken. Er staunte nicht schlecht, als er sah, welche hohen Beträge das Ehepaar im Prüfungszeitraum für die teuerste Markenkleidung ausgegeben hatte. Noch mehr staunte allerdings das Ehepaar, dem, nachdem es bei der Schlussbesprechung wieder mit der Armutsmasche gekommen war, die Liste präsentiert wurde. Dass die Betriebsprüfung schließlich mit einem durchaus nennenswerten Sicherheitszuschlag endete, versteht sich von selbst.

Die Schokoladetorte

Ein im ganzen Finanzamtsbezirk beliebtes Haubenrestaurant, das wegen seiner Fischspezialitäten landauf, landab besonders geschätzt wird, ist zudem für seine in der Qualität unerreichte Schokoladetorte bekannt. Der Teig unterscheidet sich zwar nicht wesentlich von anderen Torten, doch allein für das gut vier Zentimeter hohe, zart cremige Schokomousse würde so mancher Feinschmecker selbst um drei Uhr morgens zu Fuß in dieses Lokal pilgern.

Zwei alte Freunde, einer davon Finanzbeamter, hatten in Begleitung ihrer Ehefrauen das Haubenlokal zwecks Einnahme eines bescheidenen Mahles aufgesucht. Die Damen hatten nicht nur seinerzeit bei der Auswahl ihrer Ehemänner besten Geschmack bewiesen, nein, auch in kulinarischer Hinsicht waren sie geschmacksmäßig allererste Sahne, zudem erwiesen sie sich als begnadete Köchinnen. Jahrelang hatte der Finanzbeamte vergeblich versucht, dem Gastronomen das streng gehütete Rezept für die Schokoladetorte zu entlocken. „Da ist leider nichts zu machen", hatte der Gastronom stets abgeblockt. Um dieses Geheimrezept zu erhalten, habe er einst in der Schweiz tagelang umsonst arbeiten müssen. Die Rezeptur hüte er folglich wie seinen Augapfel.

Doch irgendwann war es dem Beamten schließlich doch gelungen, dem Maestro sein Geheimnis zu entlocken. Da sich seine ausgeprägten kulinarischen Fähigkeiten allerdings mehr auf das Essen als auf das Produzieren von Speisen beschränkten, bat er seine Gattin sowie die des Freundes darum, die berühmte Schokoladetorte anhand des endlich erhaltenen Rezepts nachzubacken. Allein der Versuch der Gattinnen, das Wunderwerk mit seiner herrlich cremigen Mousse nachzumachen, war zum Scheitern verurteilt. So sehr sie sich auch bemühten, das Ding wollte und wollte einfach nicht gelingen.

Nachdem man nach dem besagten herrlichen Essen dem Chef sein Leid geklagt hatte, erbarmte sich dieser der Hobbyköchinnen, verpasste ihnen flugs Kochschürzen und nahm sie kurzerhand mit in die Küche, um ihnen nach der Theorie nun auch die Praxis seines „Geheimnisses" zu erklären. Währenddessen widmeten sich die Herren dem einen oder anderen der köstlichen Edelbrände.

Ein fertiger Tortenboden war im Gourmetlokal stets griffbereit, sodass es nur mehr galt, das berühmte Mousse zu fabrizieren. Als die Damen nach geraumer Zeit mit der fertigen Torte wiederkehrten, freute sich der Beamte nicht nur über das wahrlich gelungene Meisterwerk: „Endlich seid ihr zurück", begrüßte er sie freudestrahlend. „Was hätte ich den Beamten der KIAB (Kontrolle Illegaler Arbeitnehmer-Beschäftigung), von denen ich weiß, dass sie heute Abend wieder unterwegs sind, denn erzählen sollen, wenn sie euch beide und noch dazu ausgerechnet die Frau des Strafreferenten mit einer Kochschürze in der Küche beim Arbeiten ertappt hätten? Die hätten mir doch nie und nimmer geglaubt."
Er sprach's und nahm sich ein Stück seiner Lieblingstorte.

Kapitel 6

„Schwarz"brot einmal anders

Doppeltes Schwarzbrot

Eine Freundesrunde besuchte eine südsteirische Buschenschänke. Der typisch steirische, säurebetonte Welschriesling, der elegante Sauvignon blanc und der fruchtige Muskateller mundeten hervorragend. Doch wahre Meisterschaft erlangte der Betrieb durch seine köstlichen Brettljausen, deren Qualität wohl in der gesamten Südsteiermark ihresgleichen sucht. Allein das sogenannte „Rotlärcherne", ein absolut fettfreies, trockenes Geräuchertes vom Lungenbraten, das feingeschnittene „Brüstl", der milde Schweinsbraten, das saftige Geselchte, alles feinaufgeschnitten, machen einen Besuch in diesem von einem sympathischen Ehepaar geführten Buschenschank zu einem kulinarischen Erlebnis der Sonderklasse. Dazu kommen noch köstliche Kernöl- und Liptauer-Aufstriche sowie herzhafte Leberpasteten. Doch das wahre Highlight ist das Schwarzbrot: Mit seiner krachfrischen, knusprigen Rinde, der Teig weich und saftig, würde es wohl als haushoher Sieger aus jedem Brotbackwettbewerb hervorgehen.

Die netten Wirtsleute hatten sich ebenfalls an den Tisch gesetzt und der Chef spendierte eine Runde vom Selbstgebrannten. Da die Wirtin über das allseits erteilte Lob leicht errötet war, erklärte sie voll Stolz, dass selbstverständlich alles aus eigener Produktion stamme, schließlich habe man ja mehrere Weingärten und führe einen mustergültigen Bauernhof, der aber auch viel Arbeit mache. Außer Käse werde absolut nichts zugekauft. Da fragte einer aus der Runde, ob denn auch das hervorragende Brot selbstgebacken sei.

„Ja selbstverständlich", erklärte sie. Leider hatte sie nicht damit gerechnet, dass auch ein erfahrener Bäckermeister am Tisch saß, der kurzerhand feststellte: „Nein, nie und nimmer. Dieses Brot stammt aus einer Bäckerei". Betretenes Schweigen der Wirtsleute. Der ebenfalls in der Runde anwesende und den Betreibern bestens bekannte Finanzbeamte malte sich schon aus, wie hoch das Mehrergebnis der allenfalls zu prüfenden Bäckerei sein würde, falls der Prüfer feststellen sollte, dass die Lieferungen an die Buschenschänke nicht in den Büchern aufscheinen.

Doch er war erstens privat unterwegs und zweitens für die wohl ebenfalls in der Gegend liegende Bäckerei örtlich unzuständig. Zuständig war nämlich jenes steirische Finanzamt, das – nomen est omen – ausgerechnet in der Lastenstraße liegt. Und da der Beamte drittens wohl auch über keine Mittel zur Erzwingung einer Antwort verfügte, fragte er erst gar nicht, welche Bäckerei wohl der Lieferant sei. Aber einen Kommentar konnte er sich trotzdem nicht verkneifen: „Naja, es ist zwar ziemlich dünn geschnitten. Ich bin aber trotzdem davon überzeugt, dass es sich dabei um doppeltes Schwarzbrot handelt."

Dem Vernehmen nach ist die Wirtin nochmals, diesmal aber viel stärker, errötet. Und seither soll sie auch Weißbrot im Sortiment haben.

Versalzen

Ein biederer Bäckermeister eines kleinen Dorfes erwartete lieben Besuch: Ein Betriebsprüfer hatte sich angemeldet. Nach den ersten Abtastversuchen vermutete der Prüfer, dass die Kunden des Bäckers allesamt eine extrem gute Nierenfunktion und einen extrem niedrigen Blutdruck haben mussten. Denn seinem Eindruck nach hatten die Kunden den jahrelangen Genuss von extrem versalzenem Gebäck ohne jegliche Gesundheitsschädigung überstanden. Warum? Eine gewichtsmäßige Verprobung des eingekauften Mehls mit dem eingekauften Salz ergab einen prozentuellen Salzanteil an den Backwaren, der eben die vorgenannten Körperfunktionen voraussetzt. Wenn die Bewohner eines ganzen Dorfes über Jahre hinweg stets versalzenes Gebäck essen, so müsste sich dies irgendwann einmal auf deren Nierenfunktion und Blutdruckwerte äußerst negativ auswirken. Tat es aber nicht. Folglich musste des Rätsels Lösung an anderer Stelle zu finden sein.

Konfrontiert mit diesem Ungleichgewicht und vor allem mit dem vom Prüfer geäußerten Verdacht, dass es mit dem Mehleinkauf nicht ganz stimmen konnte, schwor der Bäckermeister Stein und Bein, dass alles seine Richtigkeit habe. Den Überhang an Salz versuchte er zunächst so zu begründen, dass es im Winter vor dem Geschäftslokal infolge einer etwas lecken Dachrinne oft eisig sei und er, in Ermangelung anderer Auftaumittel, auf das Backsalz zurückgreife. Dass er auf diesen Mehrverbrauch hin bereits in den Sommermonaten Ansparmaßnahmen treffe – auch in diesen Monaten gab es einen prozentuellen Überverbrauch an Salz – nun, diese Begründung schien ihm doch etwas gewagt zu sein. So verlegte er sich auf Ahnungslosigkeit und Nichtwissen. Diese letztgenannten Gehirnfunktionen erwiesen sich als Entschuldigungsgrund insofern als nicht brauchbar, als der Prüfer auf die Idee kam, die Ausgangsrechnungen genauer unter die Lupe zu nehmen. Auf diesen schienen neben Brot und Semmeln auch Feinbackwaren auf, zu deren Zubereitung andere Zutaten als Mehl, Salz und Hefe erforderlich sind. So ist den verschiedenen Rezeptbüchern zu entnehmen, dass man für die Herstellung von Topfengolatschen neben den Grundzutaten vor allem des Topfens bedarf. Leider befand sich in der Inventur des Vorjahres kein Bestand an diesem Milchprodukt und auch im ganzen Monat Jänner des Folgejahres gab es keinen Topfeneinkauf, sehr wohl aber einen gar nicht so geringen Verkauf an eben diesen Golatschen. Der Prüfer rechnete schon damit, dass der Bäckermeister mit dem Argument käme, aus der im Laden ebenfalls angebotenen, täglich übriggebliebenen und sauer gewordenen Milch werde der Topfen gewonnen. Leider waren dem Bäckermeister diese hausfraulichen Fertigkeiten nicht geläufig, wozu man aber bemerken muss, dass die heute verkaufte Milch nicht mehr sauer wird. Sauer wurde nur das Gesicht des Meisters, als ihm mit dieser versalzenen und vertopften Angelegenheit bewiesen wurde, dass er mit dem Wareneinkauf, inklusive Mehl, doch nicht so ganz seine Richtigkeit haben konnte und als ihm dafür vom Finanzamt eine etwas gesalzene Rechnung präsentiert wurde.

Kuhhandel beim Bäcker

Bei einer Bäckerei war einiges danebengegangen. Die Kalkulation hatte hinten und vorn nicht gestimmt und auch Schwarzbrot war geliefert worden. Letzteres ist ja grundsätzlich nicht verboten, außer, das Weißbrot macht auf dem Weg vom Bäcker zum Kunden eine sonderbare farbliche Mutation durch. Jedenfalls ergab eine vom Prüfer beim Mehl angestellte Nachkalkulation, dass der Bäckermeister wohl Brotlaibe von der dreifachen Größe zum Preis eines normalen Laibes verkauft haben musste. Da er aber in dem kleinen Ort, in dem er sein Geschäft betrieb, durchaus nicht als selbstloser Wohltäter, sondern vielmehr als beinharter Geschäftsmann bekannt war, lag der Schluss nahe, dass er sowohl Weißbrot als auch Schwarzbrot „schwarz" unters Volk gebracht hatte.

Der Steuerberater des Bäckermeisters und der Vorstand der Finanzstrafbehörde hatten vor Jahrzehnten gemeinsam die Bank der Finanzschule gedrückt und dann unabhängig voneinander Karriere gemacht. Während Ersterer nach ein paar Jahren die Finanz verließ und ein angesehener, mitunter sogar gefürchteter Steuerberater wurde, blieb Letzterer der Verwaltung erhalten und wurde Vorstand eines Finanzamtes. Da die beiden all die Jahrzehnte hindurch beruflichen Kontakt miteinander hatten, schließlich arbeiteten sie in der selben Stadt, war es naheliegend, dass der Steuerberater sich nach Abschluss der Prüfung des Bäckereibetriebes, die haarsträubende Buchhaltungsmängel zutage gefördert hatte, welche in weiterer Folge in eine beachtliche Nachzahlung mündeten, angesichts des bereits eingeleiteten Finanzstrafverfahrens an seinen Freund, den Finanzamtschef, wandte, um für das Strafverfahren gutes Wetter zu machen.

Eines Tages wurde der Strafreferent zu seinem Chef gerufen, wo auch bereits der Steuerberater gemütlich bei einem Kaffee saß. Nach dem üblichen Smalltalk kam der Chef wie folgt zur Sache:

„Herr Kollege, wir möchten zunächst in einem informellen Gespräch die beiderseitigen Standpunkte darlegen, der Herr Doktor ist auch bereit, namens seines Mandanten ein umfassendes Geständnis abzulegen, hat aber großes Interesse daran, die Sache möglichst rasch und unbürokratisch über die Bühne zu bringen. Was haben Sie sich denn so an Strafe vorgestellt?"

Der Strafreferent brachte vor, dass angesichts der Höhe der hinterzogenen Abgaben, der Art und Weise, mit der die Verkürzungen begangen wurden, insbesondere im Hinblick auf die dem Verhalten des Bäckermeisters innewohnende haarsträubende kriminelle Energie, eine Geldstrafe von 15.000 Euro absolut angemessen erscheine. Der Mann werde in Hinkunft wohl etwas kleinere Brötchen backen müssen.

Der Steuerberater, ein vielseitig begabter Mann, der mühelos auch als Burgschauspieler hätte Karriere machen können, protestierte lautstark und wild gestikulierend. Das sei doch angesichts der langjährigen unternehmerischen Tätigkeit, während der sich der Bäckermeister nie etwas zuschulden hätte kommen lassen, viel zu viel und würde ihn schnurstracks in den Konkurs treiben. 7.500 Euro fände er allerdings angemessen.

Nun ist eine Finanzstrafbehörde im Gegensatz zu manch moderner Bäckerei alles andere als ein Selbstbedienungsladen, in dem sich die

„Kunden“ ihre Brötchen bzw. Strafen selbst aussuchen können. Daher griff jetzt wieder der Amtsvorstand ein, dem die berufsmäßige Jammerei des Steuerberaters nicht unbekannt zu sein schien. Er beendete das Feilschen mit einem lautstarken: „10.000 Euro und jetzt, Hubert, gibst a Ruah.“

Der Steuerberater tat wie ihm geheißen, der Strafreferent betrachtete den entschlossenen Satz seines Chefs als Weisung und setzte im anschließenden „Strafverfahren“, das nur mehr reine Formsache war, eine Geldstrafe von 10.000 Euro fest. Und so waren am Ende doch alle hochzufrieden: der Steuerberater, der in einem kurzen Gespräch immerhin 5.000 Euro „heruntergehandelt“ hatte, der Finanzamtsvorstand, der nicht nur seine Machtposition, sondern auch seine wilde Entschlossenheit unter Beweis stellen konnte, und letztlich der Strafreferent, der sich nicht bloß einen mühsamen Verhandlungsaufwand erspart hatte, sondern nach intensiver Aktenvorbereitung ohnehin mit dem festen Vorsatz in das Gespräch gegangen war, mit 10.000 Euro herauszukommen.

Ob das Gerücht stimmt, wonach der Steuerberater vom Bäckermeister beauftragt war, bis zu einem Höchstbetrag von 20.000 Euro „mitzugehen“, wird die Finanz allerdings wohl nie erfahren.

Kapitel 7

Phantasievolle Fleischhauer

Unter der Knute

Noch zu Schillingzeiten ereignete sich die folgende nahezu unfassbare Geschichte:

Einem Fleischermeister in einem kleinen weststeirischen Dorf stand eine Betriebsprüfung ins Haus. Der Meister, ein unscheinbares, zierliches Männchen, kaufte ein, zerteilte das Fleisch und arbeitete vorwiegend im Kühlhaus. Anlässlich der Aktenvorbereitung stellte der Prüfer fest, dass es mit dem erklärten Rohaufschlag, speziell im Branchenvergleich, nicht besonders gut aussah und dieser sich eher mickrig darstellte.

Die Ehefrau des Meisters, deren Statur jene des Betriebsinhabers sowohl in der Höhe als auch in der Breite um etliches überragte, eine furchterregende, dominante Person, residierte im Geschäftslokal an der Straße. Die Führung der steuerlichen Aufzeichnungen, vor allem aber die Verwaltung des eingenommenen Geldes, oblagen, wie nicht anders zu erwarten, der streng dreinblickenden Frau Chefin.

Nach einigen Tagen dienstlicher Anwesenheit in den Räumlichkeiten der Fleischerei und nach Gesprächen mit dem Meister sowie seiner Frau – die er respektvoll mit „Mutti" anredete – fiel dem Prüfer auf, dass es dem Meister jedes Mal die Rede verschlug, wenn die „Mutti" zu sprechen begann. Es stellte sich bald heraus, dass der Meister, der zwar Stier und Ochs mit einem Streich ins Jenseits befördern konnte, ein wahrer Pantoffelheld war und im Betrieb so gut wie nichts zu reden hatte. Lediglich den Vieheinkauf bei den Bauern des Bezirks durfte der Meister ohne Muttis Aufsicht durchführen, er musste aber nach Rückkehr streng Rechnung legen. Wehe, es fehlte auch nur ein Schilling! Den musste der Herr Chef vom kärglichen Taschengeld, das ihm Mutti zugestand, berappen.

Dieses Pantoffelheldentum spielte steuerlich ja keine Rolle, wohl aber das Verhalten des Betriebsinhabers, das sich aus diesem Heldentum ergab. Bei Überprüfung des Wareneinkaufs fiel dem Prüfer auf, dass der durchschnittliche Einkaufspreis für Rind, Kalb und Schwein um ein bis zwei Schilling pro Kilo höher war als der ortsübliche Preis, den die anderen Fleischer des Bezirks bezahlten. Das wäre die Begründung für den eher mickrigen Rohaufschlag gewesen, aber es bestand kein Grund, einen höheren Preis zu zahlen als die Branchenkollegen.

Sagen's nix der Mutti!

Des Rätsels Lösung wurde dem Meister, selbstverständlich ohne Muttis Anwesenheit, auf den Kopf zugesagt. Bei den pauschalierten Landwirten, von denen der Fleischermeister das Vieh einkaufte, spielte der auf der Rechnung angegebene Viehpreis steuerlich keine Rolle. Schon allein aus dem Gefühl der Solidarität mit einem Leidensgenossen heraus wurden die Preise um eben diese ein bis zwei Schilling pro Kilo Lebendgewicht erhöht. Auf diesem Wege war es dem Fleischermeister, der voll und ganz unter der Knute seiner Angetrauten stand, gelungen, sich ein ordentliches Körberlgeld zu verschaffen, von dem die gestrenge Gattin nichts wissen durfte. Mit diesem „Komplizentum" konfrontiert, wurden dem Meister die Knie weich, er wirkte, als hätte er mit dem Schlachtbeil eins drüber bekommen. „Bitte, bitte Herr Prüfer, das stimmt alles, aber sagen's nix der Mutti, das ist die einzige Möglichkeit, um zu ein bisserl einem Brauchschilling zu kommen. Die Mutti ist ja so streng und hält mich so kurz. Ich zahle alles, aber bitte, bitte, sagen's nix der Mutti!", war die ehrliche und auch korrekte Begründung.

Nicht nur die Vieh verkaufenden Landwirte bewiesen männliche Solidarität, auch der Prüfer fand, dass die „Mutti" doch etwas zu streng war. Er konnte mit dem Meister und seinem Steuerberater einen Deal einfädeln, der das steuerliche Mehrergebnis aus „bewertungsrechtlichen Unterschiedlichkeiten" hervorkommen ließ.

Dem Vernehmen nach soll die „Mutti" nach Erhalt des Bescheides und Zahlung der Steuernachforderung noch strenger dreingeblickt haben. Es entzieht sich der Kenntnis des Erzählers, wie der Meister nach der Prüfung wohl zu seinem „Brauchschilling" gekommen sein mag und warum er bereit war, nahezu jede Summe zu zahlen, nur damit die „Mutti" nichts von seinem Körberlgeld erfahre. Angesichts der dominanten Erscheinung der „Mutti" – sie dürfte durchaus eine dreistellige Zahl an Kilos auf die Fleischerwaage gebracht haben – hegte er jedoch den für den Prüfungsfall völlig irrelevanten Verdacht, dass der gute Mann im Zuge seiner ausgedehnten Einkaufstouren nicht nur die umliegenden Bauern, sondern auch das eine oder andere Etablissement in der nahen Landeshauptstadt besucht hatte. Aber das ist eine andere Geschichte.

Wundersame Wandlung

Doch der zierliche Fleischermeister muss im Lauf der Jahre eine wundersame Wandlung durchgemacht haben. Als der Prüfer ihn nach Jahren zufällig wieder traf – der Fleischskandal, der zutage gefördert hatte, dass verdorbenes Fleisch in großen Mengen in den Verkehr gebracht wurde, war bereits durch alle Medien gegangen – sprach ihn der Prüfer auf den Geschäftsgang im Allgemeinen und auf den Fleischskandal im Besonderen an. „Nein, ich habe überhaupt kein Problem damit", erklärte das Männlein verschmitzt. Erst kürzlich habe er 120 Kilo altes Fleisch angebracht. Auf die überraschte Frage des Prüfers, wie er das verstehen dürfe, entgegnete der mittlerweile offensichtlich völlig emanzipierte Fleischermeister: „Ganz einfach, ich habe mich scheiden lassen."

Der Prüfer nimmt's, der Prüfer gibt's

Auch ein anderer Fleischermeister, ein biederer Mann, wurde von der Betriebsprüfung auserkoren. Kurz vor seiner Pensionierung wollte die Finanz noch einmal nach dem Rechten schauen. Nach einigen Tagen emsigen Rechnens stellte der Prüfer fest, dass der Metzger offensichtlich besonders fette Rinder und Schweine eingekauft haben musste. Der an eine Verwertungsgenossenschaft verkaufte Talg stand aber in keinem vernünftigen prozentuellen Verhältnis zum Lebendgewicht der Tiere. Dem ersten Anschein nach waren diese Schlachttiere besonders talgreich. Dass dem nicht so war, stellte sich heraus, als der Prüfer bei der örtlichen Brückenwaage Nachschau hielt. Der Fleischermeister verwendete für den Vieheinkauf einen eigenen kleinen LKW, dessen Eigengewicht man in den Büchern des beeideten Waagemeisters leicht ermitteln konnte. Anhand dieser Waagebücher konnte man sehen, welches Gewicht der leere LKW hatte und wie schwer er ein bis zwei Stunden später war, wenn er mit Vieh beladen war. Den Schwund von ungefähr einem Viertel bis zu einem Drittel des Lebendgewichtes auf dem Weg von der Waage bis zum Wareneingangsbuch konnte der Metzgermeister trotz ehrlichen Bemühens und treuherzigen Blicks nicht erklären, zumal ihm ja vom Talggewicht her ein höheres Einkaufsgewicht anzurechnen war.

Die Zuschätzung an Umsatz und Gewinn und die Mehrsteuern schmerzten den Meister zwar sehr. Und eine Strafe wegen Abgabenhinterziehung fasste er ebenfalls aus. Doch die Prüfung hatte für den Fleischer durchaus auch etwas Positives: Da er alsbald in Pension ging, führte die Vorlage der berichtigten Bescheide an die Sozialversicherung zu höheren Pensionszahlungen. Ohne den Prüfer hätte er zwar wesentlich weniger Steuern bezahlt. Doch die letztlich genossene höhere Pension hat schließlich diesen Nachteil mehr als kompensiert.

Weihnachten und Ostern gleichzeitig, oder: die gutgläubigen Akademiker

Für die Monate Dezember des ersten sowie März und April des Folgejahres hatte die Geschäftsführerin einer Fleischerei-GmbH weder Umsatzsteuervoranmeldungen abgegeben noch entsprechende Zahlungen geleistet, aus Geldmangel, wie der Betriebsprüfer festgestellt hatte. Da die Dame ein paar einschlägige, aber bereits getilgte Vorstrafen aufwies, unterstellte der Strafreferent eine wissentliche Vorgehensweise und bestrafte sie mit 4.000 Euro. Damit nicht einverstanden, wandte sie sich im Rechtsmittelweg an den sogenannten Spruchsenat, bestehend aus einem Richter als Vorsitzendem, einer ebenfalls juristisch gebildeten Finanzbeamtin und einem weiteren Akademiker, einem von einer Kammer entsandten Diplomingenieur.

In der Verhandlung brachten die Dame und ihr Steuerberater vor, dass die Geschäftsführerin das Missgeschick nicht wissentlich herbeigeführt habe. Sie sei nämlich durch das überaus starke Weihnachts- und Ostergeschäft derart überlastet gewesen, dass sie auf ihre steuerlichen Verpflichtungen, die darin bestanden, die Umsatzsteuer zu zahlen oder zumindest dem Finanzamt rechtzeitig und in richtiger Höhe zu melden, vergessen habe. Es könne daher nicht von Vorsatz und schon gar nicht von Wissentlichkeit die Rede sein. Der hohe Senat glaubte dieser Argumentation und stellte das Finanzstrafverfahren ein. Was sich für die Dame ob der besonderen behördlichen Großzügigkeit wie „Weihnachten und Ostern zugleich" erwies, war jedoch von dem auch nicht gerade auf der Nudelsuppe daher geschwommenen Strafreferenten keinesfalls hinzunehmen, sodass er nun seinerseits eine Berufung einbrachte.

Er könne sich, so seine Berufungsausführungen, durchaus vorstellen, dass in einer Fleischhauerei gerade um die Weihnachtszeit Hochbetrieb herrsche, der andere, insbesondere steuerliche Angelegenheiten zeitweilig in den Hintergrund treten lasse. Und aus eigener Erfahrung als Fleischkonsument wisse auch er, dass geselchte Wurstel und saftige Schinken gerade zur Osterzeit in besonders großer Menge verkauft werden, was mit Sicherheit in einer Fleischerei zu größerer Arbeitsbelastung führe. Die umsatzsteuerlichen Verpflichtungen für den Dezember waren erst spätestens am 15. Februar und jene für den März bzw. den April erst spätestens am 15. Mai bzw. am 15. Juni zu erfüllen. Der Beamte konnte jedoch nicht nachvollziehen, weshalb die österliche Arbeitsüberlastung von einer derartigen Intensität gewesen sein soll, dass sie die Geschäftsführerin noch Mitte Mai bzw. sogar Mitte Juni an der Erfüllung ihrer abgabenrechtlichen Verpflichtungen gehindert habe.

Auch der Berufungssenat glaubte, diesmal jedoch dem Vertreter des Finanzamtes, und verhängte, zumal die Tat mittlerweile schon einige Zeit zurücklag, eine Geldstrafe von 3.000 Euro.

Kapitel 8

Rund um den Wein

In vino veritas

Einem in Steuersachen nicht vertretenen Inhaber einer Buschenschänke aus der Südsteiermark hatte sein zuständiges Finanzamt mangels Beantwortung eines umfangreichen Vorhaltes betreffend seine Steuererklärung zuerst eine Schätzung der Besteuerungsgrundlagen angedroht und dann, da er auch auf diese Androhung nicht reagiert hatte, diese Schätzung tatsächlich durchgeführt.

Erst als der Inhaber auf der Buchungsmitteilung des gewaltigen Rückstands gewahr wurde, zeigte er eine Reaktion und beauftragte einen Steuerberater mit seiner steuerlichen Vertretung und vor allem mit der Beseitigung dieses ihn in seinem beschaulichen Leben störenden Abgabenrückstandes. Dem armen Steuerberater blieb nichts Anderes übrig, als zuerst einmal die vorhandenen Belege zu sichten und zu versuchen, dem Ganzen eine gefällige äußere Form zu geben, damit die Einnahmen wirklich den Einnahmen und die Ausgaben wirklich den Ausgaben zugeordnet werden konnten. Diesbezüglich hatte der in seinem „Wein"fach sicherlich sehr kundige Bauer ein heilloses Durcheinander vorzuweisen. Vor allem die Aufzeichnungen betreffend die Küchenumsätze befanden sich in einem sehr dürftigen Zustand, hingegen ließen sich die Weinerlöse über ein genau geführtes Kellerbuch einigermaßen exakt nachprüfen.

Die vom Wirt angegebenen Küchenumsätze sahen auf den ersten Blick von der Größe her ganz passabel aus, doch als der Berater anfing, sie auf einen Tag herunterzurechnen, zeigte sich, dass pro Offenhaltetag nur ungefähr viereinhalb Bretteljausen verkauft worden waren. Ein Blick in die Küche und da vor allem auf die Stellage über dem Herd belehrte ihn, insbesondere aber den Buschenschänker eines Besseren. Dort waren, fein säuberlich aufgereiht, rund hundert Holzbrettchen gestapelt, die nicht den Anschein erweckten, als Brennmaterial zu dienen. Wie in dieser Gegend üblich, waren alle miteinander per du und pflegten einen etwas reschen Umgangston. Deshalb möge sich der Leser nicht wundern, dass der Steuerberater seinen Mandanten mit folgenden Worten belehrte: „Do schau her, für wos san de Brettln g'richt, von der verbrauchten Presto-Laugen her rechne i dir aus, wievül Brettln pro Tog du obgwosch'n host. Olles klor?“

Der Buschenschänker räumte ein, dass er es mit den Küchenumsätzen doch nicht so genau genommen habe, vor allem, weil er ja eigene landwirtschaftliche Produkte verwende. „Jo jo“, meinte der Steuerberater, „deine steirische Buschenschanksau kenn i, die hot sicherlich zwarasiebzg Haxn“, wohl wissend, dass die „selbst erzeugten Stelzen“ sicher von einem der umliegenden Fleischereibetriebe zugekauft worden waren und nicht von den zwei im Stall befindlichen hauseigenen Schweinen stammen konnten.

Wie dem auch sei, die den pauschalierten landwirtschaftlichen Umsätzen zugerechneten Umsätze der Buschenschankküche waren für den Um- und Ausbau des Betriebes, da vor allem für den Neubau von Fremdenzimmern, verwendet worden. Glücklicherweise waren, sofern nicht schwarz bezahlt worden war, noch so ziemlich alle Rechnungen vorhanden.

Bei der durch die Berufung gegen die Schätzung veranlassten Betriebsprüfung konnten Prüfer und Gruppenleiter von dieser Fehlzuordnung überzeugt werden. Nach Feststellung dieser Umstände und der entsprechenden Niederschrift, somit nach getaner Arbeit, versuchten alle Beteiligten mit viel „vino" noch mehr „veritas" zu finden. Der Versuch endete damit, dass sich Gruppenleiter, Prüfer und Steuerberater eine Nacht lang nicht ganz freiwillig von der vorzüglichen Qualität der Betten in den neuen Fremdenzimmern überzeugen konnten.

Nur Weißwein

Ein steirischer Weinbauer, der seinen Buschenschankbetrieb in der Nähe von Graz hatte, stand auf dem Prüfungsplan. Da der erfahrene Betriebsprüfer einen Nachwuchsprüfer einzuschulen hatte, begab man sich zu zweit zum Anwesen des Winzers. Doch interessanterweise lernte nicht der Jungprüfer vom Erfahrenen, sondern umgekehrt. Bei der vor dem eigentlichen Prüfungsbeginn durchgeführten Betriebsbesichtigung, vor allem bei der Begehung des in der Südsteiermark gelegenen Weingartens, hatte der Einzuschulende nämlich festgestellt, dass der Unternehmer ausschließlich Rotwein angebaut hatte. Nun war der ältere Betriebsprüfer zwar mühelos in der Lage, bei einer Blindverkostung einen Welschriesling von einem Blauen Zweigelt zu unterscheiden, ja selbst rote und weiße Reben konnte er bei genauerer Betrachtung auseinanderhalten, allerdings nur, wenn diese gerade Trauben trugen. Dies war bedauerlicherweise zum Zeitpunkt der Prüfung gerade nicht der Fall. Der jüngere Prüfer jedoch hatte sich die entsprechende Fachkenntnis, die einem durchschnittlichen Betriebsprüfer in aller Regel fehlt, in seinem vor dem Eintritt in die Finanzverwaltung ausgeübten früheren Beruf angeeignet.

Da Rotwein im Gegensatz zu Weißwein in der Steuererklärung aber nicht vorkam, ließ er sich die „Weißweinstöcke" zeigen, die jedoch eindeutig Rotweinstöcke waren. Im Übrigen behauptete der Weinbauer, dass er ausschließlich Weißwein produziere. Doch die Prüfer, die sich nicht hatten erklären können, wie aus Rotweinstöcken Weißwein erzeugt werden kann, waren auf der Suche nach den Weißweinstöcken vor Prüfungsbeginn bereits dreimal um den Weingarten gefahren, ohne eine einzige Rebe mit weißen Trauben zu entdecken. Offensichtlich war tatsächlich ausschließlich Rotwein angebaut worden. Mangels weißer Reben konnte man dem Winzer nachweisen, dass der von ihm angeblich in geringen Mengen produzierte Weißwein ausschließlich zugekauft worden war. Da der selbst produzierte Rote in der Steuererklärung überhaupt nicht aufschien, hatte der Mann allerdings ziemlichen Erklärungsbedarf. Der schlaue Winzer, der versucht hatte den Prüfern weiszumachen, dass rote Weinreben Trauben tragen, aus denen er Weißwein produziere, hatte nämlich nicht damit gerechnet, dass der ebenfalls aus einer Winzerfamilie stammende Jungprüfer vor seinem Eintritt in die Finanzverwaltung die Weinbauschule in Klosterneuburg abgeschlossen hatte. Er war somit ein ausgewiesener Weinbauexperte. Da zum einen die Bibel zwar bereits die Verwandlung von Wasser in Wein, nicht aber jene von Rotwein in Weißwein beschreibt, und zum anderen Betriebsprüfer alles andere als wundergläubige Naivlinge sind, blieb dem solcherart Überführten nichts Anderes übrig als sich mit folgenden Worten geschlagen zu geben:

„Mit allem habe ich gerechnet, aber nicht damit, dass mir die Finanz einen Weinbauexperten schickt."

Ausgeschütteter Wein

Der Weinskandal, der Österreich vor über 30 Jahren erschütterte, ist noch bestens in Erinnerung. Nicht allgemein bekannt ist wahrscheinlich, wie die Sache aufgeflogen ist:

Ein Winzer aus dem Burgenland hatte seinen Wein mit großen Mengen des Frostschutzmittels Glykol gepanscht. In seiner unermesslichen Gier und in einem Anfall von grenzenloser Einfältigkeit hatte er jedoch auch Unmengen des eingekauften Glykols von der Steuer abgesetzt, ein Versuch, der von vornherein zum Scheitern verurteilt war und von einem Betriebsprüfer des Finanzamtes aufgedeckt wurde.

Als der Skandal öffentlich wurde, hat zumindest ein Winzer den Glykolwein unter amtlicher Aufsicht des Kellereiinspektors in den Kanal geschüttet. Zumindest glaubte das der Inspektor. Rein steuerlich ist dadurch ein Verlust entstanden. Doch der Winzer hatte mit einer speziellen Vorrichtung den Wein heimlich wieder aufgefangen und neuerlich abgefüllt. Und dann blieb ihm natürlich nichts Anderes übrig, als den Wein, der eigentlich ja gar nicht mehr vorhanden war, „schwarz" zu verkaufen. Manche behaupten sogar, dass der Winzer auf diese Art mit seinem zweifelhaften Geschäft noch mehr verdient hat, als wenn er den gepanschten Wein offiziell verkauft hätte.

Allerdings gab es in diesem Weinskandal sogar mehrere Haftstrafen. Und auch unser Winzer musste seinem Wein einige Zeit entsagen, gab es doch für ihn nur Wasser und Brot.

Zum Abschluss dieses Kapitels noch zwei Geschichten, die am Rande auch mit Wein zu tun haben.

Das Frascati-Modell

Einige Finanzjuristen nahmen an einer finanzinternen Fortbildungsveranstaltung teil, die das sogenannte Frascati-Modell zum Gegenstand hatte. Beim Frascati-Freibetrag handelt es sich um äußerst komplexe Regelungen des § 4 Absatz 4 Ziffer 4 des Einkommensteuergesetzes im Zusammenhang mit der Forschungsförderung. Begünstigt sind Aufwendungen zur Entwicklung oder Verbesserung volkswirtschaftlich wertvoller Erfindungen. Während einer Veranstaltungspause ergab sich folgendes Gespräch:
A: „Das ist halt wie immer bei uns alles äußerst kompliziert."
B: „Was heißt kompliziert? Ich glaube, die Legisten des Ministeriums waren wohl betrunken, wie sie sich das ausgedacht haben."
C: „Ja weißt du denn nicht, dass die alle einen eigenen Weingarten haben?"

Das Zufluss-Abfluss-Prinzip

Zufällig trafen sich ein Finanzbeamter und ein mittlerweile pensionierter Steuerberater, die sich zwar immer gegenseitig respektiert, einander aber, als Letzterer noch aktiv war, einige erbitterte Kämpfe geliefert hatten. Es lag in der Natur der Sache, dass die beiden nur äußerst selten einer Meinung waren. Ja, es gehe ihm gut, erklärte der Steuerberater. Er sei froh, mit all den komplizierten Steuerdingen nun nichts mehr zu tun zu haben und sich fortan angenehmeren Dingen widmen zu können. Aber so ganz könne er es doch nicht lassen. Denn er sei nun in einer Pensionistenrunde und habe dort einige neue Freunde gefunden. Einem davon, einem steuerlich äußerst unbedarften Pensionisten, habe er vor einem Jahr zu viel Geld verholfen, da er für ihn für fünf Jahre rückwirkend die Arbeitnehmerveranlagung gemacht habe. Dabei sei für den Freund immerhin eine Gutschrift von 1.500 Euro herausgesprungen.

Darauf der Beamte: „Und was ist dabei für Sie herausgesprungen? Nachdem ich weiß, dass Sie auch Einkünfte aus Vermietung und Verpachtung beziehen und dadurch den Veranlagungsfreibetrag überschritten haben, darf ich doch wohl davon ausgehen, dass Sie das dafür erhaltene Honorar ordnungsgemäß versteuert haben."

„Was heißt Honorar? Ich habe nur drei Flaschen edelsten Weines bekommen", war dessen Antwort.

„Aber Sie wissen schon, dass auch geldwerte Vorteile zu versteuern sind", gab der Beamte zurück.

„Ja, aber erst, wenn ich den Wein ausgetrunken habe."

Darauf der Beamte: „Es ist wie in alten Zeiten, auch hier irren Sie wieder einmal. Denn im österreichischen Einkommensteuergesetz gilt ja bekanntlich das Zufluss-Abfluss-Prinzip. Dass man das neuerdings so auslegt, wonach die Steuerpflicht erst dann entsteht, wenn der Wein Ihrer Kehle zugeflossen ist, ist mir allerdings neu."

Kapitel 9

Imbissstand, Hendlbrater und Pekingente

In grauer Vorzeit, als Gastronomieunternehmer mangels modernster computergestützter Registrierkassen noch zu einfacheren Methoden greifen mussten, wollten sie Abgaben hinterziehen, konnte es schon passieren, dass ein Würstelstand einen schier unglaublichen Senfverbrauch hatte.

Würstel mit Senf

Mit viel Senf sogar.

In einem Fall war der Senfverbrauch so gigantisch, dass er gewichtsmäßig ziemlich genau den verkauften Würsteln entsprach. Mit anderen Worten: Wenn eine Frankfurter, Krainer, Debreziner oder ein „Burenhäutl" ein Gewicht von 20 dag hatten, so wurden zu dem Paar Würstel zumindest laut den Aufzeichnungen noch einmal 20 dag Senf dazuverkauft, eine Vorgehensweise, die zunächst einigermaßen verwundert, entspricht sie doch so ganz und gar nicht den Erfahrungen des täglichen Lebens.

Es mag zwar durchaus Einzelfälle geben, in denen der Kunde noch einen ordentlichen Senfnachschlag verlangt und auch bekommt. Dennoch ändert dies nichts an dem Umstand, dass Senf ein Gewürz ist und allein schon aus diesem Grund nur in geringen Mengen dem Würstel beigegeben wird. Auch ist hierzulande kein Brauch des bloßen Senfessens in der Form bekannt, dass jemand sich beim Würstelstand eine Portion Senf ohne dazugehöriges Würstel bestellt. Dem Prüfer sind keine wesentlichen Lagerbestände an Senf aufgefallen. Und auch, dass Senf in größeren Mengen verdorben sei, wurde nicht behauptet. Der Inhaber des Würstelstandes hatte sich ebenso nicht als Senfgroßhändler betätigt, der Unmengen von Senf an andere Würstelstände weiterverkauft hätte.

Und wenn man andererseits ins Kalkül zieht, dass es durchaus den einen oder anderen Würstelfreund geben mag, der möglicherweise wegen einer auf eine Allergie zurückzuführenden Senfunverträglichkeit sein „Burenhäutl" oder Hot Dog ohne Senf bestellt, dann führt das in letzter

Konsequenz zu einem geringeren Senfverbrauch, keinesfalls jedoch zu einem, der dem Gewicht der verkauften Würstel entspricht.

Alle diese Überlegungen ließen nur den eindeutigen Schluss zu, dass sämtlicher im Prüfungszeitraum eingekaufter Senf portionsweise mit den jeweiligen Würsteln wieder verkauft worden war. Somit galt es, pro verkauftem Paar Würstel eine durchschnittliche Menge an Senf zu ermitteln, die den tatsächlichen Verhältnissen entspricht.

Der geneigte Leser ahnt es schon: Der Unternehmer hatte einen Teil der Würstel und des Gebäcks schwarz eingekauft und auch schwarz verkauft. Dabei hatte er in seiner Gier schlichtweg vergessen, dass er, um das System weitgehend fehlerfrei zu gestalten, auch einen entsprechenden Anteil an Senf hätte schwarz einkaufen müssen.

Der Prüfer hatte nun leichtes Spiel. Da die verkaufte Senfmenge exakt bestimmbar war, war es, ausgehend vom Durchschnittsgewicht einer pro Würstel gelieferten Senfportion, kein besonderes Kunststück, die Anzahl der tatsächlich verkauften Würstel zu errechnen.

Und dazu ein Bier

Doch der Inhaber des Würstelstandes hatte auch mit dem Bier seine liebe Not. Zufällig hatte das Finanzamt davon Wind bekommen, dass dort Bier ebenfalls schwarz verkauft wird. Also hatten zwei Steuerfahnder in einem gegenüber vom Würstelstand gelegenen Lokal Posten bezogen und an mehreren Tagen beobachtet, wie die schmächtige, nicht gerade vor Kraft strotzende Frau des Unternehmers jeweils zwei Kisten Bier aus dem Kofferraum ihres Pkws in den Würstelstand brachte. Doch warum sollte sie diese ganze Anstrengung auf sich nehmen, wo doch bärenstarke Bierführer den ganzen Tag lang nichts Anderes tun?

Der Unternehmer war allerdings so schlau, daneben auch bei der Brauerei offiziell eingekauftes Bier zu verkaufen. Vereinfacht dargestellt, kostete zu jener Zeit, als sich der Fall ereignete, eine Flasche Bier im Einkauf 50 Cent und im Verkauf 3 Euro. Bei zwei Kisten Bier ergibt das einen nicht versteuerten Gewinn von 50 Euro pro Tag. Nimmt man (großzügig) an, dass der Würstelstand pro Monat nur 20 Tage geöffnet hatte, so erzielte der Unternehmer allein aus dem schwarzen Biergeschäft monatlich einen Gewinn von 1.000 Euro, ein Betrag, der zu jener Zeit nur knapp unter dem Monatssalär so manches Finanzbeamten lag.

Es wird daher nicht verwundern, dass die Prüfung zu einem beträchtlichen Mehrergebnis und einer empfindlichen Geldstrafe führte.

Dass sozusagen als Nebenprodukt dieser Prüfung auch noch dem Würstellieferanten und dem Bäcker ziemlich intensiv auf den Zahn gefühlt wurde, versteht sich von selbst.

Auch der Betreiber einer Imbissstube wurde geprüft. Dabei kamen gar sonderbare Praktiken ans Tageslicht...

Semmeln

Der Teamleiter und sein Prüfer hatten sich einige Zeit vor Beginn der Betriebsprüfung am Nachmittag nach Dienstschluss unerkannt in die Imbissstube gesetzt und dort jeweils ein Gulasch mit je zwei Semmeln gegessen und ein Bier dazu getrunken.

Die Bude war voll und auch andere Gäste genossen die Würstchen, den Leberkäse und den kalten Schweinsbraten. Selbstredend aßen alle zumindest eine Semmel dazu. Nach den Beobachtungen der Prüfungsorgane wurden in der kurzen Zeit ihres Besuches von den Gästen insgesamt bereits zehn Semmeln gegessen. Wie der Prüfer später anhand des Semmeleinkaufs zu seiner Verwunderung feststellen musste, hatte der Gastronom jedoch an diesem Tag und auch an allen anderen Tagen des Nachschauzeitraums jeweils nur 12 Semmeln eingekauft. Nun ist es mathematisch gesehen äußerst unwahrscheinlich, dass in der Imbissstube bei einer täglichen Öffnungszeit von 12 Stunden den ganzen Tag über nur 12 Semmeln verzehrt werden, wenn, wie die Prüfer festgestellt hatten, in knapp einer Stunde schon zehn Stück verkauft wurden. Der bei der Schlussbesprechung anwesende Strafreferent hatte plötzlich die Idee, zu fragen, wo denn die Semmeln gelagert würden; er bekam zur Antwort, dass ein Bäckereibetrieb aus der Gegend täglich frühmorgens die Semmeln in einen an der Außenwand der Imbissstube angebrachten Blechkasten einwerfe. Gemeinsam begab man sich zum besagten Kasten und zählte. Bei 40 Stück hörte man allerdings auf.

Der Unternehmer versuchte noch zu erklären, dass das Geschäft in letzter Zeit wegen einer in der Nähe liegenden Baustelle besser ginge, da sich die Arbeiter bei ihm im vermehrten Ausmaß Jausen holten. Doch als er schließlich auf die nachmittäglichen Beobachtungen der Prüfer hingewiesen wurde, die das zweifellos gute Abendgeschäft noch gar nicht berücksichtigt hatten, blieb dem gar nicht guten Mann schließlich nichts Anderes übrig, als „Hände hoch" zu machen und ein volles Geständnis abzulegen. Klarerweise wurde auch bei den übrigen Speisen, vor allem aber bei den Getränken, eine angemessene Zuschätzung durchgeführt und schließlich endete die Prüfung mit einer Nachforderung von rund 20.000 Euro und einer Geldstrafe von 8.000 Euro. Bereits im Zuge der Schlussbesprechung brachte der Unternehmer vor, dass er für die Steuernachforderung und die Geldstrafe wohl um Ratenzahlung ansuchen werde müssen, da diese gewaltige Nachzahlung an seiner Existenz rüttle. Und tatsächlich gewährte ihm das Finanzamt für die Abgabennachforderung eine Ratenzahlung. Der bei der Schlussbesprechung anwesende Strafreferent sagte zu, dass auch er ein entsprechendes Ansuchen hinsichtlich der Geldstrafe mit monatlichen Raten von 500 Euro bewilligen werde. Doch zu seiner Überraschung wurden die gesamten 8.000 Euro inklusive der Verfahrenskosten pünktlich am Fälligkeitstag entrichtet. Nun war klar, dass der Bursche durchaus noch Geld auf der hohen Kante haben musste. Aber woher? Interessanterweise bewegten sich die monatlichen Umsatzsteuervorauszahlungen nach der Prüfung wieder

in derselben geringen Höhe wie vor der Prüfung. Dies veranlasste den Beamten dazu, nach einigen Monaten eine neuerliche Betriebsprüfung anzusetzen, die, wie nicht anders zu erwarten war, mit einer unangemeldeten Betriebsbesichtigung begann. Der Leser wird unschwer erraten, dass der erste Weg des Prüfers ihn schnurstracks zum Semmellager führte. Inzwischen hatte auch der die Semmeln liefernde Bäcker Besuch vom Finanzamt erhalten und war in einen gehörigen Argumentationsnotstand geraten, konnte ihm doch klipp und klar nachgewiesen werden, dass er Semmeln und übriges Weißgebäck im großen Stil „schwarz" verkauft hatte. Auf wundersame Weise war somit aus Weißbrot plötzlich Schwarzbrot geworden. Die bei ihm für drei Jahre angesetzte Betriebsprüfung zog ebenfalls ein schönes Mehrergebnis und ein Finanzstrafverfahren nach sich. Die Geschichte mag als gutes Beispiel dafür dienen, wie es der Finanzverwaltung immer wieder gelingt, aus einem mehr oder weniger ergiebigen Betriebsprüfungsfall Erkenntnisse für einen anderen Fall zu gewinnen und ein weiteres Mal zu kassieren.

Noch Geld übriggeblieben

Ein anderer Unternehmer hatte seinen Imbisstand bereits seit einigen Jahren betrieben, allerdings ohne diese seine Tätigkeit der Abgabenbehörde zu melden. Stattdessen hatte er es offenbar vorgezogen, mit den dem Staat zustehenden Geldern ein Leben in Saus und Braus zu führen und wohl auch einen Teil davon als Notgroschen für allfällige unerwartete finanzielle Belastungen, etwa Rechtsanwaltskosten, anzusparen. Doch davon später. Es kam, wie es kommen musste: Ein Betriebsprüfer stand vor der Tür. Ein mittleres, fünfstelliges Ergebnis war schnell festgesetzt und die Bescheide waren bereits in Rechtskraft erwachsen, als die Finanzstrafbehörde auf den Plan trat. Da das Ergebnis jenseits der 33.000-Eurogrenze lag, landete der Fall nicht beim Strafreferenten, sondern bei dem für derartige Fälle eingerichteten Spruchsenat, bestehend aus einem vorsitzenden Richter und zwei Beisitzern. Ein Großteil der hinterzogenen Steuern muss wohl in die Kasse eines wirklich hervorragenden Anwalts geflossen sein. Denn dieser beantragte in der Verhandlung einen Buchsachverständigen zu bestellen, der das Mehrergebnis, vor allem dessen Zustandekommen, nochmals überprüfen sollte. Das bedeutete somit nicht mehr und nicht weniger, als dass der Anwalt an der ordnungsgemäßen Durchführung der Betriebsprüfung zweifelte.

Dem Antrag wurde Folge gegeben und der vom Senat beauftragte Sachverständige, der sein Geld wirklich wert war, hatte eine geniale Idee. So stellte er in seinem Gutachten dar, dass der Prüfer zwar den Gewinn völlig korrekt anhand einer Einnahmen-Ausgaben-Rechnung ermittelt hatte. Allerdings gäbe es auch noch eine andere zulässige Gewinnermittlungsart, nämlich die nach der Gaststätten-Pauschalierungsverordnung. Bei deren Anwendung käme überhaupt kein Gewinn mehr heraus, weshalb der Sachverständige der Auffassung war, dass aus dem sogenannten strafbestimmenden Wertbetrag die Einkommensteuer komplett auszuscheiden sei. Zu bestrafen sei der Unternehmer nur mehr wegen der verkürzten Umsatzsteuer. Der Senat schloss sich dieser Meinung an und bestrafte den Unternehmer tatsächlich lediglich wegen der verkürzten Umsatzsteuer.

Die Kosten für das Gutachten, immerhin ein mittlerer vierstelliger Betrag, wurden dem gar nicht guten Mann zwar vorgeschrieben. Aus Gründen, über die nur spekuliert werden darf, waren sie aber nicht einbringlich, weshalb sie letztlich vom Finanzamt zu tragen waren. Die Geldstrafe schien ebenfalls nicht einbringlich, weshalb der Unternehmer zunächst die Ersatzfreiheitsstrafe antreten musste. Sein gewiefter Anwalt hatte sich allerdings an den Verfassungsgerichtshof gewandt, weil er der Meinung war, dass seinem Mandanten die Möglichkeit des

„Schwitzens statt Sitzens" eingeräumt werden müsse. Darunter versteht man, dass sich der Bestrafte durch das Erbringen von gemeinnützigen Leistungen gewissermaßen von der Ersatzfreiheitsstrafe freikaufen kann. Folglich wurde er vor dem Vollzug der gesamten Ersatzfreiheitsstrafe auf Weisung des Finanzministeriums wieder auf freien Fuß gesetzt. Und prompt gewann er vor dem Höchstgericht. Er durfte somit gemeinnützige Leistungen erbringen und zwar dadurch, dass er in einem Pflegeheim alte Menschen betreute. Dies schien ihm nach einigen Tagen jedoch zu anstrengend, sodass er schließlich gegenüber dem Finanzamt seine Bereitschaft erklärte, die restliche Geldstrafe doch zu bezahlen. So geschah es auch. Offenbar war nach Bezahlung des Anwaltshonorars noch ein wenig von den hinterzogenen Steuern übriggeblieben...

Ein schlechter Pokerspieler

Viel zu hoch gepokert hatte auch ein anderer Steuerpflichtiger, ein Hendlbrater, über den wegen Abgabenhinterziehung eine Geldstrafe von 7.000 Euro und für den Fall der Uneinbringlichkeit der Geldstrafe eine Ersatzfreiheitsstrafe von einem Monat verhängt worden waren. Da er vorgab, absolut mittellos zu sein, wurde er, wie es das Gesetz vorsieht, zunächst einmal aufgefordert, binnen einem Monat die Ersatzfreiheitsstrafe anzutreten. Selbstverständlich wäre die Finanzstrafbehörde dazu bereit gewesen, nach einer ordentlichen „Anzahlung" auf Antrag großzügige Raten zu gewähren, ist doch die Bezahlung der Geldstrafe für den Bestraften die angenehmere Alternative des Strafvollzuges. Und der Behörde ist es auch allemal lieber, sie bekommt ihr Geld später als gar nicht. Doch weder kam ein Zahlungserleichterungsansuchen noch trat der Mann die Freiheitsstrafe an. Daher wurde er zwangsweise zum Strafvollzug vorgeführt. Nachdem er bereits einige Tage in Haft verbracht hatte, rief seine Gattin unter Tränen den Strafreferenten an und gestand, dass sie zu Hause doch noch ein Sparbuch mit einer Einlage von 7.000 Euro gefunden hätte. Der Beamte antwortete darauf, dass ihr Mann praktisch in dem Moment, in dem sie die Bezahlung der Geldstrafe nachgewiesen habe, wieder ein freier Mann sein würde. Und so geschah es denn auch. Weshalb der Mann selbst dann, als ihn die Polizei abholen kam, keinerlei Anstalten zu zahlen machte, wird wohl auf ewig ein Rätsel bleiben. Lösungsmöglichkeiten gibt es mehrere: Entweder wollte er wirklich nur pokern oder er wusste nichts vom Geld der Frau, das diese möglicherweise ohne sein Wissen vom Unternehmen „abgezapft" hatte, oder ein heimlicher Gönner war plötzlich aufgetreten, der allerdings gute Gründe hatte, der Finanz die Geschichte vom Sparbuch auftischen zu lassen.

„Du nehmen mich?"

In einem Chinarestaurant, das wegen seiner herrlichen Pekingente stadtbekannt war, fand eine Hausdurchsuchung statt. Nachdem die gleichzeitig auch als Kellnerin fungierende Managerin des Lokals erkannt hatte, dass sich die Ergebnisse dieses behördlichen Einschreitens auf die finanzielle Situation des Lokalbetreibers verheerend auswirken würden, ging sie zum Gegenangriff über. Sie stellte sich in aufreizender Pose vor den etwas dicklichen und kurz vor der Pensionierung stehenden Prüfer, öffnete ein paar Knöpfe ihrer weißen Kellnerinnenbluse, hob den Saum ihres ohnehin ziemlich weit über den Knien endenden schwarzen Minirocks noch etwas höher und flötete dem Prüfer mit einem verführerischen Augenaufschlag zu: „Du nehmen mich?"

Doch der Prüfer antwortete nur lapidar: „Mein liebes Fräulein, hätten Sie mir dieses Angebot vor 30 Jahren gemacht, wären wir möglicherweise ins Geschäft gekommen. Aber jetzt bin ich für solche Sachen schon zu alt."

Kapitel 10

Der Bierskandal

Nahrhaftes Schwarzbier

Der Strafreferent hatte seinen ersten großen „Bierfall" abgeschlossen, bei dem immerhin 50.000 Euro an Mehrsteuern vorgeschrieben wurden. Und auch die Geldstrafe war durchaus schmerzhaft. Nach der Verhandlung erklärte der Wirt in einem sehr offenen Gespräch, dass die Kostenstruktur, die Auflagen der Gewerbebehörde und die Steuergesetzgebung ihn förmlich zur Hinterziehung gezwungen hätten.

Dazu komme noch die Personalsituation, denn angemeldetes Personal sei praktisch keines zu bekommen. Um das schwarz beschäftigte Personal zu entlohnen, habe er natürlich schwarze Einnahmen gebraucht, denn diese Leute aus dem versteuerten Geld zu entlohnen sei – siehe oben unter Kostenstruktur – einfach nicht finanzierbar gewesen. Er habe somit gar keine andere Möglichkeit gehabt, als sich mit dem Schwarzbier das Überleben zu sichern. Ohne das Schwarzbier wäre er verhungert. Der Beamte sah nun endlich die alte Volksweisheit bestätigt, wonach dunkles Bier äußerst nahrhaft ist.

Ein „braver" Gastwirt

Auf dem Höhepunkt des Bierskandals traf derselbe Strafreferent einen ihm seit Jahrzehnten bestens bekannten Gastwirt aus seinem Finanzamtsbezirk, den er wie folgt auf den Bierskandal ansprach: „Ich bin ja direkt froh, dass du nicht auf der ominösen Liste stehst, denn bei dir wäre ich sicher befangen gewesen."

Darauf die Antwort des Wirtes: „Weißt du, das hat es bei uns noch nie gegeben, auch nicht, als noch der Vater das Lokal führte. Beim Bier verdiene ich ja ohnehin genug."

Der Strafreferent erinnerte sich noch gut an seinen ersten Bierfall. Welchem Wirt sollte er nun glauben? Nach reiflicher Überlegung entschloss er sich dazu, doch dem zweiten zu glauben.

Unterm Strich

Ein steirischer Betriebsprüfer, im Zweitberuf ein begnadeter Biertrinker, war in Wien auf einem Seminar. Abends ging er mit Kollegen noch auf ein Bier und bestellte ein Krügerl, welches ihm prompt gebracht wurde. Das Bier war jedoch so schlecht eingeschenkt, dass die Schaumkrone zwar vorhanden war, allerdings fast zwei Zentimeter unter dem Strich endete. Dies und der Umstand, dass der Gerstensaft in der Bundeshauptstadt wesentlich teurer war als in der Steiermark, erzürnten ihn dermaßen, dass er nach dem Chef rief und sich als Betriebsprüfer außer Dienst zu erkennen gab. Er werde den Wirt mangels Zuständigkeit zwar nicht prüfen und ihm auch keinen Kollegen auf den Hals hetzen. Bei künftigen Prüfungsfällen werde er aber bei der Bierkalkulation nicht mehr die üblichen zwei Prozent Schwund berücksichtigen, sondern noch 20 Prozent hinzurechnen. Denn dieses Gasthaus sei ein hervorragendes Beispiel dafür, dass man aus einem 50-Literfass problemlos 120 Krügerln herausbringe. Dann verlangte er nach der Rechnung. Als ihm dennoch ein Krügerl verrechnet wurde, legte der Prüfer lediglich das Geld für ein Glas Bier auf den Tisch. Denn „unterm Strich" passe es jetzt wieder. Der Wirt musste ein schlechtes Gewissen haben, denn er hat nicht einmal protestiert.

Der Schein trügt (nicht)

Man schrieb die Siebzigerjahre des vorigen Jahrhunderts. Ein junger, noch lediger, vom Land stammender, aber in der Landeshauptstadt arbeitender Finanzbeamter hatte wegen der damals skandalös schlechten Bezahlung der Beamten lediglich ein kleines Zimmer in der Nähe des Finanzamtes gemietet. Die Wochenenden verbrachte er regelmäßig auf dem elterlichen Bauernhof, wohl um sich von den Strapazen der Arbeitswoche zu erholen und sich ordentlich satt essen zu können.

Sonntagabends ging es mit dem Zug zurück in die Hauptstadt; der eher bieder, um nicht zu sagen ärmlich wirkende Beamte trug seine Habseligkeiten mit sich, seinen einzigen, schon ziemlich zerschlissenen Anzug hatte er an. Im zerschlissenen Koffer mochte wohl auch das eine oder andere Stück Geselchtes gewesen sein, das die Mutter dem „armen Buben" bei der Abreise noch heimlich zugesteckt hatte.

Als er vom Bahnhof zu Fuß in Richtung seiner Unterkunft marschierte, führte ihn sein Weg an einem Wirtshaus vorbei. Von innen hörte er lustiges Treiben und intensiver Bierdunst umströmte seine Nase. Just in diesem Moment stolperten, lachend und polternd, zwei ziemlich angeheiterte Trunkenbolde aus der Gaststube. Als sie den armseligen Mann, der sich Bier nur an hohen Feiertagen leisten konnte, erblickten, meinte der eine, der offenbar trotz seines Alkoholspiegels einen wahren „Kennerblick" hatte, zum anderen, für den Beamten allerdings unüberhörbar: „Du, der schaut ja aus wie ein Finanzbeamter." Dieser dachte sich nur: „Wenn ihr bloß wüsstet".

In der heutigen Zeit, in der die Beamtengehälter nicht mehr ganz so schlecht sind, sind Finanzbeamte nicht mehr derart leicht auf den ersten Blick zu erkennen. Und die Beamten ihrerseits hoffen, dass ihre „Kunden" nicht nur, wenn sie betrunken sind, die Wahrheit sagen.

Bier und Kraut und Rüben in der Buchhaltung

Der hinlänglich bekannte sogenannte „Bierskandal" war auch an einem Gastwirt, dessen Lokal in unmittelbarer Nähe des Finanzamtes lag, nicht spurlos vorübergegangen. Die Betriebsprüfung endete mit einem stattlichen Mehrergebnis und ein Strafverfahren stand ebenfalls ins Haus. Allerdings erklärten sich sämtliche Bedienstete der Strafsachenstelle des zuständigen Finanzamtes für befangen, waren sie doch wegen der oben erwähnten geografischen Nähe des Lokals zum Finanzamt bereits seit Jahren Stammgäste, die dort fast täglich ihr Mittagessen einnahmen. Seine kulinarischen Fähigkeiten hatte der Wirt somit gegenüber der Finanz bereits ausreichend unter Beweis gestellt. Anders verhielt es sich mit seinen Künsten auf kaufmännischem, insbesondere steuerrechtlichem Gebiet. Nun ist es durchaus verständlich, dass man nicht einerseits Stammkunde im Lokal des Beschuldigten, mit diesem vielleicht sogar per du sein und andererseits über ihn in völliger Unbefangenheit eine Geldstrafe verhängen kann. Der Antrag des Finanzamtes bei der damals zuständigen Finanzlandesdirektion, den Fall wegen Befangenheit an ein anderes Finanzamt zu delegieren, fand daher dort begreiflicherweise größte Zustimmung. Es traf den Strafreferenten des Nachbarfinanzamtes, wobei dieser Begriff durchaus wörtlich zu nehmen ist, sind doch die beiden Finanzämter tatsächlich „Nachbarhäuser".

Der solcherart für zuständig erklärte Beamte kannte den stadtbekannten Gastronomen zwar auch, er verkehrte jedoch nicht in seinem Lokal. Er sah sich den Fall an, schüttelte einige Male den Kopf, bestellte sogar noch den Betriebsprüfer und dessen Gruppenleiter zu sich und kam dann gemeinsam mit den beiden zum Ergebnis, dass der Gastronom – auch das soll es geben – nicht zu wenig, sondern zu viel Bier deklariert hatte. Offensichtlich hatte er zwar Bier „schwarz" verkaufen wollen, dies jedoch auf Grund des heillosen buchhalterischen Durcheinanders nicht geschafft. Nachdem es in Österreich kein „Gesinnungs-", sondern ein „Tatstrafrecht" gibt, hätte daher das Finanzstrafverfahren aus dem Titel „Schwarzbier" eingestellt werden müssen. Doch das wollte der Prüfer wegen der damit verbundenen Optik auch wieder nicht tun. Irgendjemand hätte ja behaupten können, der Wirt habe wegen seiner guten Beziehungen zur Finanz „es sich richten können" und irgendein beamteter Stammkunde habe unzulässigerweise interveniert. Der Beamte hatte allerdings (bei eben diesen beamteten Stammkunden) in Erfahrung bringen können, dass der Gastronom, der offensichtlich trotz entsprechenden Wollens nicht in den Bierskandal verwickelt war, eine ganze Reihe anderer Geschäfte mit Waren aller Art abgewickelt hatte. Was auch immer jemand gewünscht hatte, seien es orientalische Gewürze oder Antiquitäten, es gab nichts, was er nicht auf Bestellung und gegen gutes „Schwarz"geld hätte besorgen können. Jedenfalls gab der Betriebsprüfungsbericht darüber nur kryptische, in einem Finanzstrafverfahren kaum verwertbare Auskünfte.

Nun war guter Rat teuer. Da kam das Schicksal dem Strafreferenten in Form eines mittlerweile bereits pensionierten Kollegen – einst ebenfalls Strafreferent – zu Hilfe, der mit dem Steuerberater des kaufmännischen Tausendsassas bereits die Schulbank gedrückt hatte. Daher startete er einen Versuchsballon, schilderte dem Kollegen das Problem und bat ihn seinen Schulfreund anzurufen, verbunden mit der Ankündigung, dass er eine Geldstrafe von 3.000 Euro verhängen werde, die dieser gefälligst zu akzeptieren habe. Vom schlechten Gewissen bzw. von der doch etwas an Kraut und Rüben erinnernden Buchhaltung geplagt, willigte dieser schließlich ein.

Der wahre Skandal: gute Beziehungen zum Chef

Ein anderer Gastwirt mit ebensolcher Tendenz zu „Schwarzgeschäften" hatte mehr Ordnung in seiner Buchhaltung und war daher beim Steuerhinterziehen erfolgreicher. Auch er wurde durch eine sogenannte Kontrollmitteilung, die nach einer bei seiner Brauerei durchgeführten Hausdurchsuchung ausgestellt wurde, überführt. Es folgten Betriebsprüfung und Finanzstrafverfahren. Letzteres endete mit der rechtskräftigen Verhängung einer Geldstrafe von 7.000 Euro. Die gewährten, äußerst niedrigen Raten gingen nur zögerlich ein, doch plötzlich musste der Strafreferent feststellen, dass gleich 2.000 Euro auf einmal entrichtet worden waren. Diese waren vom Abgabenkonto des Wirtes auf sein Strafkonto umgebucht worden, ein an sich völlig normaler Vorgang, wäre auf dem Abgabenkonto tatsächlich ein Guthaben vorhanden gewesen. Dem war jedoch mitnichten so. Vielmehr bestand dort ein gewaltiger Rückstand, der zum Großteil noch aus der Betriebsprüfung stammte. Nun weiß jeder „Finanzlehrling" im ersten Lehrjahr, dass man nur ein Guthaben, niemals aber einen Rückstand umbuchen kann. Während der Rückstand auf dem Strafkonto sich durch diese zweifelhafte Aktion gleich einmal um 2.000 Euro reduzierte, stieg er auf dem Abgabenkonto um eben diesen Betrag an. Aus der Sicht des Bestraften machte das durchaus Sinn, drohte ihm doch bei Nichtentrichtung der Geldstrafe der Vollzug der Ersatzfreiheitsstrafe, während das Ansteigen des Rückstandes auf dem Abgabenkonto lediglich zu vermehrten Besuchen der Einbringungsorgane, schlimmstenfalls zum Konkurs führen konnte. Der geneigte Leser wird sich fragen, wer diese zweifelhafte Umbuchung angeordnet hat. Wie sich herausstellte, lag das Gasthaus ausgerechnet in jener Gemeinde, in der auch der Finanzamtsvorstand wohnte. Und zufälligerweise hatte dieser dort regelmäßig seine Stammtischabende verbracht. Irgendwann muss wohl der Gastwirt dem Herrn Hofrat sein Leid geklagt haben. Und auf Grund der guten Kontakte, die sich bei langen Stammtischabenden wohl entwickelt hatten, hatte der Finanzamtschef die zweifelhafte Umbuchung angeordnet. Eine Prüfung, ob dem Amtsvorstand diesbezüglich ein strafrechtlich relevantes Verhalten vorzuwerfen ist, fand nicht statt, weilt er doch nicht mehr unter den Lebenden.

Kapitel 11

Mein Ideal und Lebenszweck ist Borstenvieh und Schweinespeck

Ob der Protagonist der folgenden Geschichte beim Steuerhinterziehen ertappt wurde, ist nicht restlos geklärt.

Kein Schwein gehabt

hat ein offensichtlich äußerst gastfreundlicher Schweinebauer aus Oberösterreich. Und das kam so: Der Landwirt, der mit seiner Frau nicht nur einen gutgehenden Schweinemastbetrieb, sondern auch äußerst präzise Aufzeichnungen führte, schien ein wahrer Perfektionist zu sein. Zu diesem Ergebnis war nämlich der Prüfer gekommen, der bei Prüfungsbeginn das Zuchtbuch etwas genauer unter die Lupe genommen hatte. Dabei wunderte er sich nicht nur über die Exaktheit der Führung des Zuchtbuches, sondern auch über jene der Natur, war doch aus den Aufzeichnungen klar ersichtlich, dass sämtliche Muttersauen über den gesamten Prüfungszeitraum hinweg stets exakt sechs Ferkel geworfen hatten.

Da der Prüfer selbst aus einer bäuerlichen Familie stammte und daher ein wahrer Branchenkenner war, wusste er nur zu genau, dass die Natur nicht so präzise wie ein Uhrwerk funktioniert und eine Muttersau manchmal tatsächlich sechs, dann wiederum 12, im Durchschnitt jedenfalls 10 Ferkel wirft. Der Bauer, ein religiöser Mensch, hatte auf der Umschlagseite des in edelstes Leder gebundenen Zuchtbuches die Worte „mit Gott" eingraviert, was den Prüfer zu folgender Feststellung verleitete: „Mein Gott, in diesem Buch stimmt ja überhaupt nichts."

Flugs wurden die wichtigsten Abnehmer des Schweinebauern kontaktiert, wobei sich, wie nicht anders zu erwarten war, herausstellte, dass diese pro Wurf im Durchschnitt tatsächlich 10 Jungtiere erworben hatten. Um die Sache perfekt zu machen, fand dann im Mastbetrieb noch eine Hausdurchsuchung statt. Die vielen Beamten, der durch die Durchsuchung zweifellos ausgelöste Stress, die ganze Aufregung, all das war für die Bauersfrau zu viel, sodass sie schließlich eine Herzattacke erlitt. Und auch auf des Schweinezüchters Stirn waren die tiefen

Sorgenfalten nicht zu übersehen. Dennoch schien ihn die Hausdurchsuchung nicht sonderlich zu stören und das Schicksal seiner Angetrauten lag ihm anscheinend ebenfalls nicht sehr am Herzen, wie die folgende an die Fahnder gerichtete Frage beweist: „Was soll ich denn jetzt machen? Nachdem die Köchin ausgefallen ist, kann ich euch leider keinen Schweinsbraten anbieten."

Ebenfalls mit Schweinen zu tun hat die folgende Geschichte:

Deftige Schlachtplatten

Ein Betriebsprüfer hatte bei der Prüfung eines typischen Wiener „Beisls" festgestellt, dass der Wirt rund zehn Prozent des gesamten Speisenumsatzes als Personalverpflegung deklariert hatte. Als ihm dies vom Prüfer vorgehalten wurde, antwortete er: „Na und, ist das verboten?" Darauf der Prüfer: „Nein, selbstverständlich nicht."

Bei seinen weiteren Nachforschungen musste der Prüfer feststellen, dass nach den Aufzeichnungen des Gastronomen es ihm Gasthaus unter den Speisen anscheinend einen echten Renner gegeben hatte, nämlich Schlachtplatten. Dummerweise ging aber aus den Aufzeichnungen hervor, dass sämtliche in einem Prüfungsjahr zubereiteten Schlachtplatten – es handelte sich dabei immerhin um rund 600 Portionen dieser deftigen Speise – ausschließlich vom Personal verzehrt worden waren, woraus der Prüfer messerscharf schloss, dass die Schlachtplatte ein wirklich haubenverdächtiges Gericht gewesen sein muss. Und kombinierend wie einst Nick Knatterton, gelangte er zu einer weiteren Erkenntnis: Aus dieser Feststellung ergab sich nämlich im Umkehrschluss unzweifelhaft, dass keine einzige Portion dieses Spezialgerichts an die Gäste verabreicht worden war. In diesem „Beisl" beschäftigt zu sein, musste somit ein wahres Privileg sein, das den zahlenden Gästen niemals zuteilwerden konnte.

Denn bei der gegebenen Anzahl der Bediensteten des Gasthauses – es soll in diesem Zusammenhang nicht unterstellt werden, dass der Gastronom, was ja bekanntlich so gut wie überhaupt nie vorkommt, unangemeldetes Personal beschäftigte hatte, wodurch sich die Rechnung zugunsten des Wirtes verändert hätte, zumindest, was die Schlachtplatten betrifft – also bei der gegebenen Anzahl der Bediensteten und bei

einer durchschnittlichen wöchentlichen Öffnungszeit von sechs Tagen war es daher keine besondere Schwierigkeit auszurechnen, dass jeder der Angestellten praktisch täglich eine halbe Schlachtplatte gegessen haben musste.

Mit dieser zumindest für den Betriebsprüfer verwunderlichen Feststellung konfrontierte jener wiederum den Gastronomen, der neuerlich mit der bereits bekannten Gegenfrage antwortete: „Na und, ist das verboten?"

Darauf der Prüfer: „Nein, aber ungesund." Dabei hatte er offensichtlich nicht nur an das körperliche Wohlbefinden der Angestellten, sondern vor allem auch an die Geldtasche des Gastronomen gedacht, die er gerade dabei war, etwas leichter zu machen.

Ob dem Prüfer anlässlich der Schlussbesprechung eine Schlachtplatte serviert wurde, ist nicht überliefert.

Kapitel 12

Einfach nur Taktik

Psychologisches Gespür gehört neben profundem steuerlichen Wissen zum Handwerkszeug jedes Betriebsprüfers. Dass dieses Gespür nicht nur gegenüber Abgabepflichtigen und Steuerberatern, sondern auch gegenüber Vorgesetzten unerlässlich ist, zeigt die folgende Anekdote:

Die Psycho-Tricks der Betriebsprüfer

Ein Gasthaus stand auf dem Prüfungsplan. Mit der Betriebsprüfung wurde ein noch junger, unerfahrener Beamter betraut. Bereits nach kurzer Zeit waren ihm lückenhafte Losungsaufzeichnungen aufgefallen. Ein Schnapseinkauf schien überhaupt nicht in der Buchhaltung auf, obwohl laut der Getränkekarte zahlreiche hochgeistige Getränke angeboten wurden. Nach eben dieser Getränkekarte kostete das Krügerl Bier, somit der halbe Liter, 3 Euro, für das Glas Bier, somit 0,33 Liter, wurden 2,50 Euro in Rechnung gestellt. Demnach kostete der Liter Bier, wenn er in Form von Krügerln konsumiert worden war, 6 Euro. Wurde ein Liter jedoch in Form der 0,33-Litergläser konsumiert, ergab sich ein Literpreis von 7,50 Euro. Im Gasthaus mussten wohl nur besonders durstige Gäste verkehrt haben, denn laut den Aufzeichnungen des Wirtes wurde das Bier praktisch ausschließlich in Krügerln genossen. 0,33-Litergläser hatten sich nur ganz vereinzelt in die Aufzeichnungen verirrt.

Nach einigem Hin und Her schlug der Steuerberater, der wohl eingesehen hatte, dass die Buchhaltung nicht dem entsprach, was man gemeinhin als ordnungsgemäß bezeichnet, vor, der Prüfer möge doch aus Gründen der Verwaltungsökonomie in allen drei Jahren einen Sicherheitszuschlag von jeweils 15.000 Euro netto festsetzen und damit dem steuerlichen Trauerspiel, soll heißen dem Betriebsprüfungsverfahren, ein Ende setzen. Von diesem Vorschlag erzählte der junge Prüfer einem erfahrenen älteren Kollegen und kündigte an, dass er sich angesichts des solcherart in kürzester Zeit zu erzielenden steuerlichen Mehrergebnisses damit durchaus anfreunden könne und den Vorschlag nun dem gemeinsamen Teamleiter unterbreiten werde, damit das Prüfungsverfahren rasch abgeschlossen werden könne.

Der erfahrene Betriebsprüfer äußerte sich dazu wie folgt: „Wie ich unseren Chef kenne, wird er, wenn du ihm den Vorschlag so unterbreitest, nicht einverstanden sein. Du darfst keinesfalls erwähnen, dass der Steuerberater einen Betrag von jährlich 15.000 Euro vorgeschlagen hat. Denn, wenn der alte Fuchs das hört, wird er sich wohl denken, dass der Steuerberater durchaus Gründe für seine Vorgehensweise haben wird. Er wird wohl vermuten, dass der Steuerberater für seinen Mandanten, angesichts der chaotischen Zustände in der Buchhaltung, mit dem jährlichen Sicherheitszuschlag noch ein ausgezeichnetes Ergebnis erzielen würde. Und wahrscheinlich wird er mit dieser Vermutung sogar Recht haben. Nein, du musst sagen, der Sicherheitszuschlag sei deine Idee gewesen und du musst ihn auf 20.000 Euro pro Jahr erhöhen. Dann wird der Alte wohl zustimmen."

Und so geschah es dann auch. Mit „seinem" Vorschlag ging der Prüfer wiederum zum Steuerberater, der auch mit dieser Erhöhung einverstanden war. Ob dies darauf zurückzuführen war, dass er beziehungsweise sein Mandant auch mit diesem Ergebnis noch recht gut leben konnten, wird man wohl nie erfahren.

Rechtlich verfehlt, wirtschaftlich ein Gewinn oder: Franz heißt die Kanaille

Franz war von einem Gastwirt beim Finanzamt angezeigt worden, weil er an Wochenenden bei seinem privaten Fischteich rauschende Feste feiere. Alkohol flösse dort in Strömen, es würde nächtelang gegrillt, alles geschehe vollkommen „schwarz" und ihm, dem Gastwirt, entginge dadurch einiges an Gewinn. Der schlaue Gastwirt hatte gleich auch Unterlagen über Franzens Lieferanten mitgeliefert, und so war es dem Finanzamt anhand der Einkäufe ein Leichtes, seine Umsätze und Gewinne hochzurechnen. Zu seinem Pech hatte sich nach der Betriebsprüfung und nach dem Strafverfahren auch noch die Sozialversicherung der gewerblichen Wirtschaft gemeldet und eine nicht unerhebliche Forderung erhoben. In der Folge hatte sich herausgestellt, dass die vom Finanzamt durchgeführte Schätzung der Einkünfte aus Gewerbebetrieb um exakt 70 Euro jenen Betrag überstieg, ab welchem Sozialversicherungsbeiträge anfallen. Zweifellos lag ein besonderer Härtefall vor. Der Steuerpflichtige hatte sich Hilfe suchend an die Sozialversicherung gewandt und dort den Rat bekommen, beim Finanzamt vorzusprechen, um eine Reduktion seines Gewinns um eben diese 70 Euro zu erreichen. Dies allerdings war aus verfahrensrechtlicher Hinsicht praktisch unmöglich. Denn womit sollte das Finanzamt begründen, dass die Schätzung ursprünglich zu hoch ausgefallen war?

Folglich wurde dem Steuerpflichtigen unter größtem Bedauern mitgeteilt, dass leider nichts zu machen sei, was dieser mit Zähneknirschen zur Kenntnis nehmen musste. Irgendwie schien die Steuerhinterziehung der Familie Franzens im Blut zu liegen, denn der Zufall wollte es, dass einige Tage später eine Anzeige gegen Sepp, Franzens Bruder, einlangte, in der behauptet wurde, dass Sepp mehrere lukrative Nebengeschäfte betreibe, ohne das Finanzamt an seinem Erfolg teilhaben zu lassen. Der Anzeigeninhalt war durchaus plausibel, allerdings war die Beweiskette äußerst lückenhaft. Folglich machte sich der Betriebsprüfer, der bereits Franz geprüft hatte, auf den Weg zu diesem, um auszuloten, ob er denn etwas über Sepps Nebengeschäfte wisse und falls ja, auch bereit wäre, darüber auszusagen. Denn als Bruder konnte er sich selbstverständlich der Aussage entschlagen. Franz sah nun seine Stunde gekommen, hatte er doch die Hoffnung noch nicht ganz aufgegeben, und so ließ er durchblicken, dass er mit Sepp wegen einer Erbschaft ohnehin schon seit Jahren auf Kriegsfuß stehe. Er könne dem Finanzamt so einige Geschichten über Sepps Machenschaften erzählen, die letztlich auch für den Fiskus recht lukrativ sein würden. Aber, so ließ er anklingen, dies würde etwas kosten. Der Prüfer hatte rasch begriffen und deutete an, dass ihm, wenn Franz sich besonders anstrenge, hinsichtlich der 70 Euro doch noch etwas einfallen könnte. Jedenfalls packte Franz unter Zusicherung vollster Vertraulichkeit aus und Sepp wurden rund 20.000 Euro an Steuern vorgeschrieben, die dieser auch bezahlte. Eine Geldstrafe wurde obendrein verhängt. Ohne die tatkräftige Mithilfe Franzens hätte das Finanzamt mangels Beweisen von Sepp wohl keinen einzigen Cent erhalten. Als alles rechtskräftig war, hatte das Finanzamt plötzlich eine wundersame Eingebung und kam zu dem Ergebnis, dass die Schätzung bei Franz um 70 Euro zu hoch ausgefallen war. Das Finanzamt musste Franz einen niedrigen zweistelligen Betrag rückerstatten, was ihm angesichts der durch brüderliche Mithilfe von Sepp kassierten 20.000 Euro nicht wirklich wehtat. Franz hatte sich somit die Sozialversicherungsbeiträge erspart, ein weiterer Steuerhinterzieher war zur Strecke gebracht worden, die Republik hatte ein „Zusatzgeschäft" gemacht und auch der Betriebsprüfer war durchaus zufrieden.

Der Lebenskünstler

Der routinierte und deshalb wohl etwas überhebliche Prüfer begann seine Amtshandlung bei einem Gastwirt mit den folgenden Worten: „Also, ich weiß zwar noch nicht, was ich suche, aber ich weiß hundertprozentig, dass ich es finden werde."

Die Prüfung plätscherte so dahin und der Prüfer fand trotz seiner Routine nicht besonders viel. Da es lediglich ein paar nicht gravierende Aufzeichnungsmängel gab und der Eigenverbrauch zu erhöhen war, war das Mehrergebnis für den Gastwirt durchaus verschmerzbar.

„Da Sie von dem geringen Gewinn, den Sie erklärt haben und der eigentlich die Bezeichnung Gewinn gar nicht verdient, ja nur schlecht leben können, musste ich einen Sicherheitszuschlag festsetzen und den Eigenverbrauch erhöhen", rechtfertigte der Prüfer die Nachzahlung.

Als er gegangen war, saßen der Steuerberater und der Gastwirt noch bei einem oder dem anderen Gläschen zusammen und feierten sichtlich erfreut den glimpflichen Ausgang der Betriebsprüfung. „Ich bin ja nur froh", sprudelte es aus Letzterem heraus, „dass er mich nicht gefragt hat, wie gut ich von dem leben kann, was ich nicht erklärt habe."

Fragen wir ihn einfach!

Ein ehemaliger Betriebsprüfer hatte sich in Erwartung einer rosigen Zukunft vom Staatsdienst verabschiedet und als Gastronom selbstständig gemacht. Nebenbei nutzte er noch die im Finanzdienst erworbenen Kenntnisse und betätigte sich als Buchhalter für verschiedene Unternehmungen. In seiner Geldgier hatte er einem anderen Unternehmer für „Beratungstätigkeit", „Auswertung von EDV-Listen" und dergleichen Scheinrechnungen ausgestellt. Da er auch in seinem Gasthaus massiv Abgaben hinterzogen hatte, landete der Fall vor dem Strafgericht.

Einer seiner Kunden, ebenfalls Gastwirt, stand ebenfalls im Verdacht, Abgaben hinterzogen zu haben. Als sein Fall vor dem Spruchsenat abgehandelt wurde, beteuerte er, völlig unschuldig zu sein. Schließlich habe er sich nur auf seinen Buchhalter, den ehemaligen Finanzbeamten, verlassen. Dass der nur einen Bruchteil der Umsätze erklärt habe, könne das Finanzamt doch nicht ihm, dem Wirt, anlasten. Und so wurde auch der ehemalige Betriebsprüfer, der bereits vor dem Einzelbeamten ein volles und reumütiges Geständnis abgelegt hatte, zur Verhandlung geladen. Noch bevor er aufgerufen wurde, diskutierte der Senat die Frage, ob denn nicht auch für den vorliegenden Fall das Strafgericht zuständig sei. Da sich nach umfangreichem Literaturstudium keine plausible Lösung abzeichnete und die Zeit drängte, zumal der Beschuldigte bereits vor der Tür wartete, brach es aus dem vorsitzenden Richter heraus: „Na, dann fragen wir ihn einfach, was ihm lieber ist."

Im Zuge der Verhandlung stellte sich dann die eindeutige Zuständigkeit des Senats heraus, der eine durchaus verschmerzbare Strafe aussprach. Und es ist anzunehmen, dass das dem Beschuldigten tatsächlich lieber war.

Mit Taktik zum Erfolg

Bei der Prüfung eines Gasthauses waren haarsträubende Dinge ans Tageslicht gekommen. Schließlich schlug der mit dem Rücken zur Wand stehende Steuerberater dem Prüfer vor, er möge, damit der Fall endlich abgeschlossen werden könne, für jedes der drei Prüfungsjahre einfach 7.000 Euro hinzuschätzen. Der junge und noch unerfahrene Prüfer konfrontierte mit diesem Vorschlag zunächst nicht seinen vorgesetzten Teamleiter, sondern einen seiner erfahrenen Kollegen, einen Taktiker, wie er im Buche steht. Nein, mit diesem Vorschlag könne er nicht zum Chef gehen, meinte der Kollege. Wenn der Steuerberater schon so etwas vorschlage, dann würde er dies wohl aus gutem Grund tun, wohl wissend, dass sein Mandant damit relativ gut aussteigen würde.

Der Gruppenleiter, der alte Fuchs, würde Lunte, soll heißen ein noch wesentlich höheres Ergebnis riechen und den Prüfer beauftragen, noch einige Wochen weiter zu prüfen. Da sei es doch wesentlich geschickter, dem Teamleiter eine kleine Notlüge aufzutischen und ihm zu erzählen, dass der Prüfer nachkalkuliert habe und ihm eine Zuschätzung von 10.000 Euro jährlich angemessen erscheine.

Gesagt, getan: Der Gruppenleiter beauftragte den Prüfer damit, jährlich 10.000 Euro zuzuschätzen und den Fall abzuschließen. Der Steuerberater war gleichfalls damit einverstanden, der Prüfer zufrieden, der Steuerpflichtige wohl auch. Ob der ältere Prüfer oder vielleicht doch der Steuerberater der größere Taktiker war, wurde nie geklärt. Denn die Finanz hat nie erfahren, ob der Steuerberater bei diesem Pokerspiel eventuell bereit gewesen wäre, eine jährliche Zurechnung von 15.000 Euro zu akzeptieren.

Im orientalischen Basar

In dem bereits mehrfach zitierten Bierskandal hatte ein Steuerberater gleich zwei Gastwirte bei der Betriebsprüfung zu vertreten. Aus praktischen Gründen fanden die Schlussbesprechungen am selben Tag im Finanzamt statt. Strafverfahren waren ebenfalls durchzuführen. Der Strafreferent hatte allerdings mit dem Steuerberater noch nie zu tun gehabt und wollte ihn sich einmal ansehen. „Rein zufällig" kam er zu Beginn der Schlussbesprechung ins Zimmer. Prompt wurde ihm der Steuerberater von einem Betriebsprüfer vorgestellt. Einige Höflichkeitsfloskeln wurden ausgetauscht und schließlich sagte der Steuerberater: „Herr Doktor, es freut mich Sie einmal persönlich kennenzulernen. Ich habe ja schon so viel von Ihnen gehört, vor allem, dass Sie ja so ein milder Strafreferent sind."

Nun eilte diesem Beamten gerade der gegenteilige Ruf voraus, was dazu führte, dass die im Raum anwesenden Prüfer hinter dem Rücken des Beraters, aber für den Strafreferenten gut sichtbar, zu schmunzeln begannen. Der Beamte hatte sich natürlich vorher bei der Betriebsprüfung über den Berater schlau gemacht und dabei erfahren, dass der Mann ein äußerst hartnäckiger Verhandler sei, der das Finanzamt oft mit einem türkischen Basar verwechsle. Mit diesem Wissen ausgerüstet, eröffnete er nach den Schlussbesprechungen die Strafverfahren. Der eine Gastwirt stand finanziell nicht besonders gut da, und so wurde rasch eine nicht zu strenge Strafe verhängt. Im anderen Fall hatte sich der Beamte vorgenommen, die Strafe mit 10.000 Euro festzusetzen, aber eingedenk seines Wissens über die Basarmethoden des Beraters einmal mit 12.000 begonnen, da er felsenfest davon überzeugt war, dass der Steuerberater versuchen würde zu handeln. Hat er aber nicht, sodass es bei den 12.000 Euro blieb. Der Gastwirt hat es anscheinend verschmerzt.

Kapitel 13

Discofever

Ein selbstloser Wohltäter

schien der Betreiber einer bestens eingeführten Diskothek zu sein.

Diesen Eindruck versuchte zumindest dessen Steuerberater mittels einer vor Beginn der Betriebsprüfung eingereichten Selbstanzeige zu vermitteln. Anlass der Prüfung war der Umstand, dass der Unternehmer bei einem Wiederverkaufsmarkt größere Mengen an Getränken und Lebensmitteln mit sogenannten Barverkaufsrechnungen eingekauft hatte, wovon jedoch das Finanzamt Wind bekommen hatte. Die Behörde ging selbstredend davon aus, dass der Diskobetreiber diese Schwarzeinkäufe auch wieder schwarz an den Mann bzw. die Frau gebracht und dadurch Steuern in beträchtlichem Ausmaß hinterzogen hatte.

Sein Steuerberater, ein alter Fuchs, der selbst einmal Betriebsprüfer gewesen war, muss den Mann, einen äußerst wohlhabenden Unternehmer, wohl bestens beraten haben, wobei der Begriff „bestens" eher aus dem Blickwinkel des Unternehmers zu verstehen ist. Da die Finanzlage des Unternehmers als hervorragend zu bezeichnen war, hatte ihm der Berater vermutlich empfohlen, über Jahre hindurch größere Abgabenguthaben auf seinem Steuerkonto stehenzulassen. Die paar Euro an entgangenen Zinsen, so der Berater, könne er angesichts seiner blendenden finanziellen Situation durchaus verkraften. Ob die Idee, auf Teufel komm raus Abgaben zu hinterziehen und im Fall einer Betriebsprüfung noch rasch eine Selbstanzeige zu erstatten, der dann, da ja das Guthaben für die Nachzahlung zu verwenden ist, strafbefreiende Wirkung zukommt, auch von dem gefinkelten Berater gekommen ist, konnte nie restlos geklärt werden. Da der Autor jedoch trotz seiner jahrelangen Tätigkeit als Finanzstrafreferent noch immer an das Gute im Menschen, vor allem an die Aufrichtigkeit der beratenden Berufe glaubt, geht er selbstverständlich davon aus, dass diese Idee ganz ohne Zutun des Beraters vom Abgabepflichtigen selbst geboren wurde.

Bei dieser Fallkonstellation ist allerdings zu berücksichtigen, dass die Steuerersparnis im Fall des Unterbleibens einer Betriebsprüfung die

Höhe der entgangenen Zinsen bei Weitem übersteigt. Die Idee, von wem auch immer sie stammte, war also aus der Sicht des Steuerpflichtigen die schlechteste nicht. Als sich im Zuge der Betriebsprüfung allerdings abzeichnete, dass das vorhandene Abgabenguthaben für eine Strafbefreiung nicht ausreichen würde, versuchte der Berater die restlichen

Schwarzeinkäufe, die er nicht in Abrede stellen konnte, auf seine Weise zu erklären:

Der Diskobetreiber habe nämlich auf seine Kosten Getränke, vor allem Spirituosen und Weine, für Werbezwecke gekauft, wobei diese Einkäufe jedoch in der Buchhaltung des Betriebes nicht aufschienen. Er betreibe die Diskothek bereits seit Jahrzehnten und sei selbstverständlich auch für die Werbelinie verantwortlich, die eben darin bestand, äußerst wenig für Werbeinserate auszugeben, sondern Stammgäste zu verschiedensten Anlässen, wie bei Geburts-, Namens- und Hochzeitstagen oder Jubiläen diverser Art, mit Gratisgetränken zu verwöhnen. Allein der Umstand, dass das Lokal seit Jahrzehnten floriere, beweise, dass die eingeschlagene Werbelinie richtig sei.

Bereits seit Jahrzehnten seien diese Gratisgetränke als Werbung verbucht worden, ohne dass freilich die solcherart Beschenkten genannt worden seien. Dies sei aber bei diversen Betriebsprüfungen beanstandet worden: Insbesondere sei der entsprechende Aufwand nicht als Werbung anerkannt worden, sodass diese Beträge vom Finanzamt aus Beweisnotstand wieder dem Gewinn hinzugerechnet worden seien. Der Discobetreiber habe es als Zeichen besonderer Diskretion betrachtet, die Namen der solcherart mit Getränken Beglückten nicht festzuhalten, da etliche der Besucherpaare verheiratet seien, aber eben nicht miteinander.

Um in der Folge diesen Beweisnotständen zu entgehen, habe er sich dazu entschlossen, die Getränke aus eigener Tasche zu bezahlen und dann eben zu verschenken. Weiters habe er sich mit bestimmten Stammgästen das eine oder andere Bummerl ausgeschnapst. Habe der Kunde verloren, so musste er eine Flasche Whiskey zahlen. Im umgekehrten Fall habe eben der Diskobesitzer eine solche springen lassen.

Und auch der Prüfer werde verstehen müssen, dass in diesem Fall eben kein Erlös erzielt werde. „Komisch", entgegnete der Prüfer. „Ich kenne das Lokal auch schon seit Jahren, war dort in meinen Sturm- und Drangjahren ebenfalls Stammgast und habe dort einst sogar meine Frau kennengelernt, aber dass der Chef einer gutgehenden modernen Diskothek, in der stets die neuesten Superhits gespielt werden, sich mit seinen Gästen dem eher rustikalen Brauch des Bauernschnapsens hingibt, habe ich noch nie erlebt. Obendrein ist mir als Stammgast nie irgendein Gratisgetränk angeboten worden."

„Ja, die Kartenspiele finden doch immer erst nach 2 Uhr morgens statt, wenn der Chef endlich für seine Stammgäste mehr Zeit hat", entgegnete der Berater. „Zu dieser fortgeschrittenen Stunde sind die biederen Beamten doch längst im Bett."

Darauf der Prüfer: „Aber Sie haben doch keine Ahnung, was für ein Nachtvogel ich einmal war. Im Übrigen können Sie darauf vertrauen, dass das Finanzamt sicher Besseres zu tun hat, als dem Ehepartner eines verheirateten Gastes zu verraten, wann dieser und vor allem mit wem er die Disco besucht hat. Ich gehe daher von einer besonders subtilen Art der Steuervermeidung aus, die ich Ihnen jedoch nicht beweisen kann."

Dem Antrag, die Hinzurechnungen als Sicherheitszuschläge zu behandeln, wurde daher entsprochen. Und auch dem Strafreferenten waren mangels Beweisen die Hände gebunden.

Angeblich haben sich aber nach Abschluss dieses Prüfungsfalles zahlreiche Finanzbeamte tagelang damit beschäftigt, herauszufinden, ob es noch weitere vom selben Steuerberater vertretene Klienten mit hohen Steuerguthaben gibt.

Gar nicht schlau

Ein auf selbstständiger Basis in diversen Tanzlokalen im Westen Österreichs als Discjockey Tätiger hatte zwar eine große Vorliebe für Musik, allerdings nicht für das Finanzamt, was sich darin äußerte, dass er die gar nicht geringen Honorare weder der Umsatz- noch der Einkommensteuer unterwarf, was nicht besonders schlau ist. Eine Zeit lang ging diese Strategie auf, doch irgendwann kam es, wie es kommen musste und das Finanzamt trat auf den Plan. Eine Betriebsprüfung war rasch durchgeführt und die Steuern wurden vorgeschrieben. Doch damit nicht genug, folgte noch prompt ein Finanzstrafverfahren. Der Discjockey hatte sich allerdings aus dem Staub gemacht und ward lange Zeit nicht mehr gesehen. Durch die ausgezeichnete Zusammenarbeit mit der Polizei konnte er allerdings nach Monaten zur Verhandlung vorgeführt werden. Dort brachte er vor, dass die vom Betriebsprüfer im Schätzungswege ermittelten Abgaben zu hoch seien und er legte sogar entsprechende Unterlagen vor, was auch nicht sehr schlau war. Nach insgesamt vier Verhandlungstagen war der Schuss allerdings nach hinten losgegangen, da die sich aus den Aufzeichnungen ergebenden Bemessungsgrundlagen höher waren als die vom Prüfer geschätzten. Fazit: Eine Geldstrafe von 10.000 Euro.

Der Mann schien geläutert, zumindest hatte das Finanzamt diesen Eindruck. Denn kurz vor Fälligkeit der Geldstrafe rief er im Finanzamt an und erklärte, dass er 3.000 Euro sofort zahlen könne. Für den Rest werde er um Zahlungserleichterung ansuchen. Tatsächlich kam er wenig später mit den versprochenen 3.000 Euro ins Finanzamt, was auch wieder nicht sehr schlau war.

Denn der Beamte hatte seinem Computer entnommen, dass der gar nicht gute Mann in den letzten beiden Jahren wieder keine Steuererklärungen eingereicht hatte. Die Frage, woher er denn plötzlich die 3.000 Euro genommen habe, drängte sich förmlich auf. „Ja, das ist eine schwierige Frage", druckste der Discjockey herum.

Mittlerweile war der Discjockey in den Zuständigkeitsbereich eines anderen Finanzamtes übersiedelt, was den im Gegensatz zum Steuerpflichtigen doch etwas schlaueren Beamten natürlich einerseits freute, ihn andererseits aber nicht daran hinderte, den Kollegen im anderen Finanzamt schriftlich über die nicht gerade befriedigende Antwort zu informieren. Und somit dürfte das nächste Finanzstrafverfahren nur mehr eine Frage der Zeit sein.

Nicht viel besser ist es dem Hauptdarsteller der nächsten Geschichte ergangen.

Elegant abserviert

Es trug sich vor vielen Jahren zu: Im Leben eines selbstständigen Discjockeys war für das Finanzamt einfach kein Platz. Der Mann war einige Jahre lang in verschiedenen Tanztempeln in Westösterreich auf Werkvertragsbasis tätig, allein auf die „sonderbare" Idee, seinen Obolus an den Fiskus abzuliefern, war er nicht verfallen. Auch in diesem Fall ging der Krug so lange zum Brunnen, bis er brach. Mit ihm zerbrach auch das bisher so sorgenfreie, von relativ geringen finanziellen Lasten geprägte Leben des Plattenreiters.

Dummerweise hatte nämlich in einem der Hotels, in dessen Diskothek er gearbeitet hatte, eine Betriebsprüfung stattgefunden. Der Hotelier hatte die an den Discjockey bezahlten Werkvertragslöhne selbstverständlich als Betriebsausgaben abgesetzt und der Prüfer hatte eine sogenannte Kontrollmitteilung an das Wohnsitzfinanzamt des Discjockeys geschickt. Obwohl sich die Sache irgendwo in den Höhen des Arlbergs abgespielt hatte, war der Mann dennoch ein steuerliches Unterseeboot gewesen. Eine Betriebsprüfung fand daher auch bei ihm statt. Und was in solchen Fällen folgt wie das Amen im Gebet, ist ein Finanzstrafverfahren.

Da die Geldstrafe jedoch nicht einbringlich war, war eine dreiwöchige Ersatzfreiheitsstrafe zu vollziehen. Und das kam so: Der Mann wohnte bei seiner Freundin in einer kleinen Gemeindewohnung, die eben diese Freundin gemietet hatte. Doch als die Polizei ihn abholen wollte, war die Freundin allein zu Hause. Die Polizeibeamten schilderten ihr ihren Auftrag, der der feinen Dame wohl sehr gelegen gekommen sein muss, hatte sie doch nichts Besseres zu tun als den Polizisten einen ihrer Wohnungsschlüssel zu übergeben mit der Bemerkung, dass ihr Freund am nächsten Morgen, wenn sie bei der Arbeit sei, sicher zu Hause sein werde. Sie brauchten ihn nur zu wecken und könnten ihn dann sofort mitnehmen. Allerdings sollten sie ihm keinesfalls verraten, wie sie an den Schlüssel gekommen waren. Und tatsächlich: Tags darauf marschierten die Polizeibeamten schnurstracks in die Wohnung, klopften an die Schlafzimmertüre und verbrachten den doch einigermaßen erstaunten und aus dem wohl gerade erst begonnenen Schlaf erwachten Steuerhinterzieher in die Justizanstalt. Die Frage nach der Herkunft des Schlüssels beantworteten sie mit „von der Gemeinde", worauf der Mann wiederum staunte: „Dass es so etwas gibt!" Wie die Polizeibeamten durch Zufall in Erfahrung bringen konnten, war, als der Mann nach Verbüßung der dreiwöchigen Ersatzfreiheitsstrafe wieder nach Hause kam, das Schloss zur Wohnungstür ausgetauscht, was wohl damit zusammenhängt, dass mittlerweile ein „neuer Discjockey" bei der Dame eingezogen war.

Der „schwarze" Kellner

Bei einem Diskothekenbetreiber hatte sich die Betriebsprüfung angesagt. Der Prüfer hatte massive Kalkulationsdifferenzen festgestellt, die insgesamt zu einem sechsstelligen Mehrergebnis führten. Bei der Schlussbesprechung ging es heiß her, stand doch im Raum, dass Umsätze in nicht unbeträchtlichem Ausmaß verkürzt worden seien. Da passte es auch gut ins Bild, dass die Finanzpolizei im Prüfungszeitraum anlässlich einer Kontrolle einen nicht angemeldeten Kellner auf frischer Tat ertappt hatte.

Auch dem steuerlich nicht besonders gebildeten Durchschnittsbürger wird einleuchten, dass zur Bezahlung schwarz beschäftigter Arbeitnehmer üblicherweise nicht versteuertes Geld, sondern eben Schwarzgeld verwendet wird. Zum einen können die Lohnaufwendungen für den „schwarzen" Kellner begreiflicherweise nicht als Betriebsausgaben abgesetzt werden, zum anderen käme die Sache doch recht teuer, wenn dafür bereits versteuertes Geld verwendet wird. Noch teurer kommt es allerdings, wenn der schwarz beschäftigte Arbeitnehmer von der Finanzpolizei entdeckt wird. Das Geld, mit dem schwarz beschäftigte Arbeitnehmer entlohnt werden, muss ja schließlich auch aus irgendeiner

Quelle kommen, eben aus einer schwarzen. Und somit schließt sich der Kreis wieder. Im konkreten Fall wurde natürlich alles abgestritten. Der Mann sei lediglich über Empfehlung einer anderen Kellnerin und ohne Wissen des Betriebsinhabers im Lokal gewesen, um einmal zu sondieren, ob er für diese Tätigkeit überhaupt geeignet sei. Aber er habe keinesfalls gearbeitet. Und just in dem Moment, als er gebeten worden war, eine Tasse Kaffee von der Küche ins Lokal zu tragen – wobei sich die Frage erhebt, ob es sich bei dieser Tätigkeit um eine andere als die für einen Kellner typische handelt – sei eben die Finanzpolizei gekommen. Ja ja, Zufälle gibt es eben... Der Betriebsinhaber wurde bestraft, ging in die Berufung und wurde auch vom unabhängigen Verwaltungssenat bestraft. Trotzdem blieb er selbst bei der Schlussbesprechung bei seiner alles andere als glaubwürdigen „Raubersg'schicht".

Bei der sich über Stunden hinziehenden Schlussbesprechung war diese Geschichte natürlich eine wertvolle Argumentationshilfe zur Untermauerung der Schwarzumsätze. Auf Grund der langen Dauer der Besprechung wurde Wasser gereicht, reines Leitungswasser, denn für andere Getränke hat die Finanzverwaltung begreiflicherweise kein Budget. Obwohl es in letzter Zeit in der Gastronomie Mode geworden ist, für simples Leitungswasser zu kassieren, war das Wasser – anders als man vom Finanzamt erwarten könnte – sogar vollkommen gratis. Gerade als sich der Teamleiter anschickte, für jeden der Anwesenden Wasser aus einem Krug in die bereitstehenden Gläser zu schenken, entfuhr es dem Steuerberater: „Aber Herr Amtsdirektor, passen Sie auf, dass jetzt nicht plötzlich die Finanzpolizei bei der Tür hereinkommt und Sie als Schwarzarbeiter entlarvt werden."

Es ist Samstagnacht und die Geschäfte gehen schlecht. In Anlehnung an den bekannten Liedtext der Ersten Allgemeinen Verunsicherung wollte ein Diskothekenbetreiber dem Finanzamt weismachen, dass er praktisch am Hungertuch nage.

Wundersame Geldvermehrung in der Disco

Dienstbeginn der Finanzpolizei war um 22.00 Uhr. Man traf sich zur Einsatzbesprechung und fuhr dann zur Disco, aber selbstverständlich nicht, um sich zu amüsieren, sondern um zu arbeiten. Um Punkt 23 Uhr trafen die Beamten im Discotempel zunächst ein und dann gleich einmal ins Schwarze: Als Erstes traf man einen unangemeldeten Kellner an, der, so der Betriebsinhaber, „nur zur Probe hier" sei. Doch zum einen muss die Anmeldung bei der Gebietskrankenkasse bereits am ersten Arbeitstag vor Arbeitsbeginn erfolgen, und zum anderen war der Kellner von den einschreitenden Organen, noch bevor sie sich zu erkennen gegeben hatten, beim Servieren beobachtet worden. Eine Überprüfung des Kasseninhalts war ein weiterer Volltreffer: Dabei stellte sich nämlich heraus, dass bis 23 Uhr nachweislich beinahe doppelt so hohe Einnahmen erzielt wurden, als der Unternehmer am bis zu diesem Zeitpunkt umsatzstärksten Tag des laufenden Jahres erklärt hatte. Da die Kontrolle erst Ende November, somit praktisch gegen Jahresende, durchgeführt wurde, hatte das Finanzamt im laufenden Jahr einen durchaus langen und somit äußerst aussagekräftigen Beobachtungszeitraum. Wenn am Tag der Kontrolle bereits um 23 Uhr fast der doppelte Umsatz des umsatzstärksten Tages des Jahres erzielt worden war, so konnte man daraus ohne Weiteres einen unwiderlegbaren Schluss ziehen, nämlich den, dass der Unternehmer am Tag der Kontrolle noch keine Gelegenheit gehabt hatte, die überdurchschnittlich hohen, aber offensichtlich normalen Umsätze wieder aus seiner Kasse herauszulöschen. Spezialisten der EDV-Systemprüfung hatten umfangreiche EDV-Buchhaltungsunterlagen sichergestellt und der daraufhin eingeschaltete Betriebsprüfer machte sich flugs an die Arbeit, die sich für den Fiskus im wahrsten Sinne des Wortes bezahlt machte.

Kapitel 14

An Peinlichkeit kaum zu überbieten

Einfach nur peinlich

Die Finanzpolizei war bei einem Einsatz in einem kleinen Gasthaus. Während der Wirt vernommen wurde, waren im Hintergrund ständig verschiedene Geräusche zu hören. Als die Beamten auf das Thema etwaiger illegal beschäftigter Angestellter zu sprechen kamen, leugnete der Wirt auf das Allerschärfste. Er könne sich bei seinem geringen Umsatz überhaupt keine Angestellten leisten. Und da war es plötzlich wieder, dieses sonderbare Geräusch, das irgendwie an das Scheppern von Geschirr erinnerte.

Als dann auch noch eine Figur mit kräftiger Statur vorbeihuschte, drängte sich die nächste Frage förmlich auf. „Und wer bitte ist dann dieser Mann da?"

„Ach, das ist nur meine Frau", war die ehrliche Antwort des Wirtes. Und dann kam sie näher, die Frau: Breitschultrig, geschätzte 120 Kilo schwer und Oberlippenbart. Es gibt Momente, in denen selbst Finanzpolizisten am Liebsten im Erdboden versinken würden.

Eine Gastwirtsgattin spielt auch in der folgenden Geschichte eine interessante Rolle.

Die „Alte" auch gleich mitnehmen

In einem obersteirischen Gasthaus fand eine Kontrolle durch die Finanzpolizei statt. Der Wirt stand meist selbst hinter der Schank und immer beim Finanzamt in der Kreide, soll heißen, es hatte sich auf seinem Abgabenkonto ein beträchtlicher Rückstand aufgebaut.

Schon beim Betreten des Lokals sahen die Beamten den Wirt in einem wohl nicht mehr ganz nüchternen Zustand hinter der Theke tanzen. Als die Beamten ihre Dienstausweise vorzeigten und der erste dem Wirt die Hand geben wollte, schickte sich der offensichtlich bestens gelaunte

Lokalbesitzer an, ihm ganz nach der Art „give me five" die rechte Hand zu klatschen. Unmittelbar darauf bot er den Beamten etwas zu trinken an, etwas Ordentliches, wie er meinte, nämlich Wodka. Als diese ablehnten, setzte er die Flasche an und trank den Rest auf einmal aus. Die Beamten, die ja gewohnt sind, dass manche ihrer „Kunden" bei ihrem Einschreiten eher grantig reagieren, stellten nun genau das Gegenteil fest. Die Laune des Wirtes schien nämlich mit jedem Schluck Wodka noch besser zu werden, was sich unter anderem darin manifestierte, dass er den Beamten Geld aus der Kasse gab, selbstverständlich gegen Quittung. Anders als noch beim Wodka lehnten die Beamten diesmal nicht ab. „Ihr seid's ja doch klasse Burschen", meinte der Wirt daraufhin, um sie dann aufzufordern, wenigstens jetzt mit ihm zu saufen. Als diese wieder ablehnten, erklärte er: „Jetzt hab ich euch mein letztes Geld gegeben, könnt's meine Alte auch gleich mitnehmen, die brauch ich auch nicht mehr." Dieses Angebot lehnten die Kollegen wiederum dankend ab und verließen das Lokal. Die „Alte", die das Geschehen bisher schweigend und peinlich berührt beobachtet hatte, hatte nun Tränen in den Augen und sich anscheinend furchtbar für ihren Mann geschämt. Ob die beiden Eheleute noch immer zusammen sind, entzieht sich allerdings dem finanzpolizeilichen Wissensstand.

Etikettenschwindel

Eine wunderliche Erfahrung musste ein Erzeuger von alkoholfreien Getränken anlässlich einer steuerlichen Betriebsprüfung machen. Dem Prüfer versuchte er plausibel zu machen, dass die von diesem durch eine Nachkalkulation ermittelten Differenzen zwischen den erklärten Umsätzen und dem Umsatz nach der Gesamterzeugungsmenge leider, leider durch eine lange Zeit unentdeckt gebliebene Undichtheit im Erzeugungskreislauf leider, leider in den Abwasserkreislauf und leider, leider nicht in die zum Verkauf dieser Getränke vorbereiteten Flaschen und Container gelangt waren. Man wies auch sehr höflich darauf hin, dass diese undichte Stelle Gott sei Dank, Gott sei Dank drei Tage vor Prüfbeginn endlich gefunden und dichtgemacht hatte werden können.

Leider, leider für den Betriebsinhaber und Gott sei Dank, Gott sei Dank für den Fiskus konnte Ersterer anlässlich der Schlussbesprechung nicht erklären, zu welchem Zweck er auch für die angeblich in den Abwasserkreislauf gelangten Limonadenmengen laufend Flaschenetiketten und Kronenkorken gekauft hatte. Die Gesamtmenge dieser Verbrauchsmaterialien ergab nach Abzug eines großzügigen Schwundprozentsatzes aber so ziemlich genau die zur Gesamterzeugung laut der aufgestellten Nachkalkulation passenden Werte. Dass man den „Überhang" an diesen Verbrauchsmaterialien durch eine undichte Stelle im Erzeugungskreislauf quasi für den Kanal erworben habe, nun, diese Behauptung erschien sogar dem Abgabepflichtigen und seinem steuerlichen Vertreter zu gewagt, weshalb man sich schweren Herzens ins unvermeidliche Schicksal der Zuschätzung zu Umsatz und Gewinn fügte.

Einige Wochen nach Abschluss der Prüfung und Unterfertigung eines Rechtsmittelverzichtes traf der Prüfer den Limonadenerzeuger anlässlich einer Zustellfahrt. Nachdem man sich begrüßt hatte, meinte Letzterer zu Ersterem trocken: „I hätt' halt a bei den Etiketten schwindeln sollen."

Dumm gelaufen

Ausgesprochenes Pech hatte der Betreiber eines Gasthauses in Kärnten: Die von der Finanzpolizei kontrollierte Kellnerin schwor Stein und Bein, dass sie erst seit knapp einer Woche im Betrieb arbeite. Und die Beamten wollten es beinahe schon glauben. Doch plötzlich stellte sich heraus, dass diese Frau seit Jahr und Tag die Reinigungsliste im WC abzeichnete. Ja, auch Finanzpolizisten müssen gelegentlich das WC aufsuchen. Und es ist zu vermuten, dass zwischen der Unterschrift der Dame auf dem Protokoll der Finanzpolizei und den zahlreichen Schriftzügen auf den WC-Listen eine gewisse Ähnlichkeit bestand. Klarerweise war die Dame in all den Jahren nicht angemeldet gewesen und der Wirt geriet nun verstärkt ins Visier der Finanzpolizei.

Ein ganz besonderer Tag in der Gastronomie

Zu den Aufgaben der Finanzpolizei gehört unter anderem die Überprüfung der verschiedenen Kassensysteme in der Gastronomie. So wurden auch die Aufzeichnungen eines beliebten steirischen Ausflugsgasthofes nahe der Landeshauptstadt überprüft. Was dabei zutage trat, war haarsträubend, hatte doch die Prüfung der Aufzeichnungen an einem bestimmten Tag einen Kaffeeumsatz von 4 Euro und sechzig Cent ergeben und das nicht, wie der Leser vermuten könnte, an einem extrem umsatzschwachen Wochentag, sondern an einem Sonntag. Demnach wären an diesem Sonntag genau zwei Tassen Kaffee verkauft worden. Allerdings handelte es sich dabei um keinen gewöhnlichen Sonntag, sondern um einen wunderschönen frühlingshaften Festtag Anfang Mai, nämlich den Muttertag. Nun wissen auch Betriebsprüfer aus ihrer privaten Funktion als Söhne oder Töchter, dass gerade der Muttertag einer der umsatzstärksten Tage in der Gastronomie im Allgemeinen und bei ländlichen Ausflugsgasthöfen im Besonderen ist. Dass dieser Gastwirt ob seines an Dreistigkeit kaum mehr zu überbietenden Verhaltens bis in alle Ewigkeit einen Fixplatz auf dem Prüfungsplan des Finanzamtes haben wird, darf als Selbstverständlichkeit vorausgesetzt werden, ebenso wie der Umstand, dass daneben die für die Prüfung der Lohnabgaben Zuständigen sowie die Organe der Finanzpolizei regelmäßig ein Auge auf den allzu unverschämten Dorfgastronomen werfen.

Dass Betriebsprüfer gelegentlich über das Ziel hinausschießen können, zeigt die folgende Anekdote:

Alle zwei Minuten eine Tasse Kaffee

Ein Betriebsprüfer hatte die Finanzverwaltung verlassen, um in der Privatwirtschaft sein Glück zu versuchen. Zunächst betrieb er ein Buchhaltungsbüro und anschließend zusätzlich ein Kaffeehaus. Allein, das Land, in dem Milch und Honig fließen, hatte er auch außerhalb der Finanzverwaltung nicht gefunden und so begann er mit einer weiteren Tätigkeit, auf die die Kollegen auf der nunmehr anderen Seite immer öfter stießen, und diese Tätigkeit heißt Abgabenhinterziehung. Das konnte nicht lange gutgehen und so sollte er eines Tages Besuch von seinen ehemaligen Kollegen erhalten. Da aber pikanterweise just jene Kollegen zuständig waren, mit denen er einst im selben Finanzamt tätig gewesen war und die sich folglich alle für befangen erklärten, wurde ein Betriebsprüfer aus einem anderen Bundesland angefordert. Und der schoss tatsächlich ein wenig über das Ziel hinaus.

Die Betriebsprüfung im Kaffeehaus hatte zutage gefördert, dass Kaffee in großen Mengen schwarz verkauft worden sein musste. Jedenfalls stand die Menge des eingekauften Kaffees, teils in Bohnenform, teils gemahlen, in absolut keiner Relation zu dem vom Cafetier erklärten Kaffeeumsatz. Zwar wurde im Zuge der Prüfung nachgewiesen, dass Kaffee im Lagerraum verdorben war und daher entsorgt werden musste. Die Rechnung ging aber noch immer nicht auf. Selbst nach der Behauptung, dass der Cafetier eben stets besonders starken Bohnenkaffee verkauft habe, wodurch pro Tasse mehr Kaffeepulver als sonst üblich verbraucht worden sei, klaffte in der Kalkulation unverändert eine gewaltige Lücke. Da der massive Vorwurf der Steuerhinterziehung im Raum stand, der sich letztlich bestätigen sollte, war der Strafreferent bei der Schlussbesprechung ebenfalls anwesend. Diesem kam die vom Prüfer angestellte Berechnung ziemlich eigenartig vor und so betätigte er sich – selbstverständlich immer vom Gebot der absoluten Objektivität getragen – ganz entgegen seiner Aufgabenstellung gewissermaßen als „Anwalt des Beschuldigten". Man möge doch einmal die tägliche Öffnungszeit des Kaffeehauses eruieren, so sein Vorschlag. Schließlich wurde nachgewiesen, dass das Kaffeehaus täglich, außer sonntags, von 9 bis 21 Uhr geöffnet hatte: Ein „Überziehen" der Sperrstunde war nicht möglich, da sich das Lokal in einem Einkaufszentrum befand, das täglich kurz nach 21 Uhr seine Pforten schloss.

Wenn man nun auf Geheiß des Strafreferenten die Anzahl der von den Betriebsprüfern als verkauft angenommenen Kaffees mit der wöchentlichen Öffnungszeit von 72 Stunden in Relation setzte, so ergab diese gar nicht so schwierige Rechenoperation, dass der Cafetier bei geöffnetem Lokal durchschnittlich alle zwei Minuten einen Kaffee verkauft haben müsste. Dies mag zwar in Spitzenzeiten durchaus möglich sein, aber bestimmt nicht im Durchschnitt. Dass der ehemalige Prüfer nicht selbst diese Argumentationslinie eingeschlagen hatte, mag gewisse Rückschlüsse auf seine Qualitäten als Betriebsprüfer zulassen, die es der Finanzverwaltung keinesfalls erschwerten, seinen Abgang zu bedauern. Und dass die aktiven Prüfer so eklatant übers Ziel hinausschossen, sagt nicht unbedingt etwas über ihre fachliche Kompetenz aus. Vielmehr dürfte diese Vorgehensweise dem Prinzip „W. G." geschuldet sein. „W. G." heißt übrigens im Jargon der Prüfer und Steuerberater „wenn geht". Selbstverständlich wird dieses Prinzip nicht nur von Steuerpflichtigen, sondern gelegentlich auch von der Finanzverwaltung angewendet. Dass es sich dabei um einen gravierenden Verstoß gegen das in der Bundesabgabenordnung normierte Objektivitätsgebot handelt, sei hier nur am Rande erwähnt. Die Argumentation des Strafreferenten überzeugte schließlich auch den aus dem anderen Bundesland angereisten Betriebsprüfer und so einigte man sich auf einen der Lebenserfahrung eines Durchschnittsbürgers entsprechenden Kaffeeumsatz. Das daraus resultierende steuerliche Mehrergebnis war immer noch beachtlich, sodass letztlich der Strafreferent den Cafetier wegen Abgabenhinterziehung bestrafen konnte. Im Anschluss an die Amtshandlungen konnten sich Prüfer und Strafreferent übrigens von der ausgezeichneten Qualität des in diesem Lokal ausgeschenkten Kaffees überzeugen. Böse Zungen behaupten, dass die beiden Beamten anschließend eine recht kurze Nacht hatten, weil sie wegen des extrem starken Bohnenkaffees bis 4 Uhr morgens wach in ihren Betten gelegen haben.

In Linz beginnt's oder „steirische Kiah"

Ein steirischer Finanzbeamter, seines Zeichens Strafreferent, weilte zur Fortbildung in Linz. Geschult wurde „Vernehmungstechnik". Dabei übten die Beamten verschiedene gegenüber Verdächtigen und Beschuldigten anzuwendende Vernehmungstaktiken. Die Szenen wurden zunächst gefilmt und anschließend gemeinsam mit den Vortragenden analysiert. Die Standardsituation war jene, bei der ein Arbeitgeber dabei ertappt wird, einen oder mehrere Beschäftigte nicht bei der Gebietskrankenkasse angemeldet zu haben. Dabei zeigten die Beamten beachtliches schauspielerisches Talent. Die übliche Ausrede für dieses strafbare Verhalten besteht im Vorbringen des Arbeitgebers, er wisse zwar, dass Arbeitnehmer vor Arbeitsbeginn anzumelden seien. Doch leider, leider sei gerade die Kellnerin ausgefallen, plötzlich habe sich eine Busladung voller Touristen angekündigt und so sei eben kurzerhand eine Verwandte eingesprungen, die selbstverständlich völlig gratis arbeite. Ein sozialversicherungspflichtiges Dienstverhältnis sei daher nicht begründet worden. Müßig zu erwähnen, dass der jeweilige Vernehmungsbeamte die Geschichte nicht glaubte und folglich einen Strafantrag bei der zuständigen Bezirksverwaltungsbehörde stellte. So viel zur gestellten und gefilmten Szene.

Am Abend fand in der Linzer Innenstadt ein Steirerfest statt. Halb Linz war auf den Beinen und die Stimmung war großartig. Zahlreiche Weinbauern, Gastronomie- und Fremdenverkehrsbetriebe hatten in der belebten Einkaufsstraße, der Linzer Landstraße, ihre Stände aufgestellt. Es war gerade Herbst und der Schilchersturm hatte die Herzen der Linzer gewissermaßen im Sturm erobert. Plötzlich entdeckte der Strafreferent den Stand eines befreundeten Weinbauern aus der Südsteiermark. Die Überraschung über das unerwartete Treffen war groß, ebenso die Wiedersehensfreude, die sogleich mit einem Glas Sturm begossen wurde. Irgendwie hatte ein beim Stand beschäftigtes junges Mädchen mitbekommen, dass der Freund des Hauses Finanzbeamter war. Prompt fragte sie ihn, ob er einen Kollegen, nämlich den Herrn Josef Hofmeister, kenne. „Natürlich kenne ich den Kollegen", antwortete der Strafreferent. „Ich kenne ihn sogar ziemlich gut." „Ach wie klein ist doch die Welt", rief das junge Mädchen entzückt aus. Herr Hofmeister sei nämlich Teamleiter in einem Finanzamt und zufällig ihr Vater. Und sie sei eine gute Freundin der Tochter des Weinbauern. Darauf der Strafreferent mit erhobener, fast bedrohlicher Stimme: „Soso, und Sie als Tochter eines höheren Finanzbeamten arbeiten hier, fernab vom heimatlichen Finanzamt, schwarz?" „Nein, natürlich nicht. Die Tochter des Weinbauern ist ja meine Freundin und ich mache das völlig gratis, als bloßen Freundschaftsdienst", war ihre Antwort. Irgendwie kam dem Beamten die Sache bekannt vor, hatte man doch genau dieses Szenario am Vormittag noch mit wechselnden Rollen geübt. „Und was machen Sie, wenn jetzt die KIAB (Anmerkung: die Vorgängerin der Finanzpolizei) kommt?", ließ der Beamte nicht locker.

Das Mädchen stammte aus einer bäuerlichen Gemeinde vor den Toren von Graz; irgendwann muss die Familie einmal einen Bauernhof mit Kühen gehabt haben. Zumindest schloss das der Beamte aus der folgenden Äußerung der jungen Dame, die offenbar bedingt durch das Gläserklirren, das Stimmengewirr der Festgäste und das Quietschen der Straßenbahnschienen, kurzum durch den Umgebungslärm, in ihrem Hörvermögen eingeschränkt war. Denn im schönsten steirischen Dialekt antwortete sie: „Aber mir hom dou scho loung kane Kiah mehr."

Zunächst wusste der Beamte nicht, ob er sich verarscht fühlen sollte. Doch recht bald erkannte er, dass es sich tatsächlich um einen Hörfehler gehandelt hatte. Und wie ist die Geschichte ausgegangen? Der Beamte entsann sich, dass er erstens außer Dienst und zweitens weder örtlich noch sachlich für den Fall zuständig war, und genehmigte sich noch ein weiteres Gläschen Schilchersturm...

Geschmiert

Eine Gratiszeitung hatte zu einem Event der Extraklasse in die Messehalle einer Landeshauptstadt geladen. Das Programm konnte sich durchaus sehen lassen. Selbst die anwesenden Herren zeigten größtes Interesse an der Modenschau, was nicht besonders verwundert, wurden doch ausschließlich die neuesten Bikinis der kommenden Badesaison präsentiert. Auch das kulinarische Programm war vom Allerfeinsten. Ein Caterer der Spitzenklasse versorgte die anwesenden Gäste mit kulinarischen Leckerbissen, von denen so mancher der geladenen Gäste heute noch schwärmt. Zahlreiche Unternehmer der Gegend, angefangen bei einem prominenten Baumeister (es handelt sich dabei nicht um jenen aus Rundfunk und Fernsehen hinlänglich bekannten Opernballbesucher und Verehrer junger Damen mit meist tierischen Kosenamen), über einen Juwelier, einen Sportartikelhändler bis hin zu einer lokalen Größe des Autohandels präsentierten ihre Firmen. Und auch die akademische Prominenz der Landeshauptstadt, darunter zahlreiche Ärzte, Richter, Rechts- und Staatsanwälte, war erschienen. Eingeladen war ferner ein Finanzbeamter mit seiner Ehefrau, der mit dem Herausgeber der Gratiszeitung befreundet ist. Der Finanzbeamte und seine Frau verbrachten den Großteil des Abends an einem Stehtisch, der sich beim Ausstellungsstand von „Elfis Kochschule“ befand. Kaum waren Aperitif und Vorspeise serviert, begannen der geschäftstüchtige Inhaber der Kochschule und sein Chefkoch das Ehepaar mit Informationsmaterial über die Kochschule zu überhäufen. Er sei ein junger, aufstrebender Unternehmer und habe seine Kochschule erst vor einem Monat eröffnet. Den Chefkoch habe er von einem bekannten Haubenlokal abgeworben, erklärte der umtriebige Gastronom. An diesem Abend sei er exklusiv für die köstlichen Desserts zuständig. Doch das Ehepaar müsse zunächst sein berühmtes Pesto aus Kürbiskernöl und später – nach dem Genuss der Hauptspeisen – auch noch seine im Geschmack unübertroffenen, selbst hergestellten Marmeladen probieren. Die Frau des Beamten, selbst begeisterte Köchin und eifrige Besucherin diverser Kochkurse, hatte sich intensiv mit dem Marmeladeproduzenten unterhalten und dabei festgestellt, dass er sein Handwerk tatsächlich verstand. Und die Verkostung hatte bewiesen, dass die Produkte wahrlich allererste Sahne waren.

Im Lauf des Abends unterhielt man sich über Gott und die Welt und so stellte der Jungunternehmer dem Finanzbeamten die unvermeidliche Frage nach dessen Beruf. Dieser erklärte wahrheitsgemäß: „Ich bin in jenem Finanzamt tätig, in dessen Bereich sich der Sitz Ihrer Kochschule befindet. Und ich bin unter anderem im weitesten Sinn auch für die Kontrolle von Gastronomiebetrieben zuständig." Kaum hatte der Unternehmer diese Worte vernommen, schien ihm, der bisher einen recht lockeren Eindruck gemacht hatte, das Gesicht irgendwie einzuschlafen. Ja, man konnte förmlich mitverfolgen, wie sich sein Gesichtsausdruck zusehends verfinsterte. Doch am Schluss des Abends – der Mann hatte wieder zu seiner früheren Laune zurückgefunden – schickte er sich an, dem Ehepaar einige Gläschen seiner wirklich sensationellen hausgemachten Marmelade zu überreichen, die kaum größer waren als ein Fingerhut. Vorsichtig und nur zögernd stellte er die folgende Frage: „Wenn ich Ihnen das mitgebe, ist das jetzt schon geschmiert?"

Darauf der Beamte schlagfertig: „Nein, geschmiert ist das Ganze erst, wenn sich die Marmelade auf dem Brot befindet." Sprach's und streifte die Gläschen mit der flachen Hand und einem breiten Grinsen vom Tischchen in die weit geöffnete Handtasche seiner Frau, „die ja keine Finanzbeamtin ist."

Zur Brust nehmen

Ein stadtbekannter Unternehmer aus der Gastronomiebranche, der auch international von sich reden machte, hatte über mehrere Monate hinweg weder Umsatzsteuervoranmeldungen eingereicht noch die entsprechenden Vorauszahlungen geleistet. Dieser Sachverhalt war Gegenstand einer telefonischen Besprechung des Steuerberaters des Verdächtigen mit der Strafreferentin des zuständigen Finanzamtes, in der der Steuerberater erklärte, dass der Unternehmer geschäftlich die meiste Zeit im Ausland sei, weshalb er sich nicht um die Entrichtung der Umsatzsteuer kümmern könne. Genau aus diesem Grund habe er seinen Prokuristen nachweislich mit sämtlichen mit der Umsatzsteuer zusammenhängenden Agenden betraut. Der wahre Täter sei somit keinesfalls sein Mandant, sondern eben dessen Prokurist. Nachdem die Strafreferentin offenbar eingesehen hatte, dass sie den Falschen verfolgt hatte, erklärte sie in ihrem jovialen Stil, dass sie sich dann eben demnächst den

Prokuristen „zur Brust nehmen" werde. Darauf der Steuerberater wörtlich: „Also, liebe Frau Doktor, der Prokurist ist zwar nicht mein Mandant. Aber wenn Sie das tatsächlich vorhaben, würde anstelle des Prokuristen gern ich selbst zur Strafverhandlung zu Ihnen kommen."

Steuerhinterziehung auf dem Friedhof?

In der wohl kuriosesten anonymen Anzeige, die je eine Finanzstrafbehörde erhalten hat – sie stammte ganz offensichtlich aus dem Sandlermilieu – war behauptet worden, dass auf dem Zentralfriedhof der Landeshauptstadt, in einer bestimmten Grabreihe, hinter einem genau bezeichneten Grab an bestimmten Tagen der Woche Wein in Doppeliterflaschen verkauft und gleich an Ort und Stelle bei feuchtfröhlichen Partys konsumiert werde. Die Anzeige langte jedoch bei einem örtlich unzuständigen Finanzamt ein. Der Autor gesteht, dass er sie nicht an die zuständige Finanzstrafbehörde weitergeleitet, sondern abgelegt und nach vielen Jahren in der „runden Mappe" entsorgt hat.

Kapitel 15

Echte Schwarzgeschäfte

Wozu denn eine Rechnung?

Ein Betriebsprüfer befand sich mit seiner Familie auf der Anreise in den wohlverdienten Urlaub im Salzburger Land. Unterwegs legte man bei einer Raststätte eine Pause ein und speiste dort vorzüglich. An die Raststätte angeschlossen war eine Tankstelle. Der Gastwirt machte allen seinen Kunden ein spezielles Angebot: Jeder, der im Restaurant konsumiert und die dafür ausgestellte Rechnung anschließend bei der Tankstelle vorlegt, erhält pro Liter erworbenem Kraftstoff einen Nachlass von drei Cent. Dieses Angebot wollte sich auch besagter Betriebsprüfer, der im Restaurant mit seiner großen Familie gespeist hatte, nicht entgehen lassen. Folglich verlangte er für die nicht gerade geringe Konsumation eine Rechnung. Der Betreiber des Restaurants fragte den nicht als solchen erkennbaren Betriebsprüfer daraufhin ziemlich unwirsch, wofür er denn eine Rechnung benötige. Die Antwort des Prüfers: „Ich brauche sie einfach." Prompt folgte die neuerliche Frage: „Wozu brauchen Sie denn eine Rechnung?" „Ganz einfach, ich möchte bei Ihrer Tankstelle billiger tanken", war die Antwort des schon ziemlich genervten Betriebsprüfers. Darauf der Gastwirt: „Wissen Sie was, nehmen Sie einfach vom Nebentisch eine Rechnung! Denn da liegen ohnehin genügend davon herum."

Der Prüfer zog aus dieser Unterredung die wohl einzig zulässige Schlussfolgerung: Offenbar war es in diesem Lokal Usus, nur für gewisse Tische Rechnungen auszustellen. Jener, an dem er mit seiner Familie so köstlich gespeist hatte, zählte jedenfalls nicht dazu. Obwohl alle Tische mit schönen weißen Tischtüchern geschmückt waren, muss es doch auch einige „Schwarztische" gegeben haben. Selbstverständlich verfasste der Betriebsprüfer eine entsprechende Kontrollmitteilung für seine Kollegen im zuständigen Finanzamt, die das Lokal in den nächsten Wochen einer genaueren Beobachtung unterzogen. Einige Monate später lernte der Betriebsprüfer auf einem Fortbildungsseminar in Wien einen Prüferkollegen aus eben diesem Finanzamt kennen. Klarerweise erzählte er ihm von seiner Erfahrung mit der Raststätte. Dieser schmunzelte nur und meinte: „Also Kollege, dein Erlebnis hat sich für den Fiskus mehr als ausgezahlt. Ich konnte dem Unternehmer klipp und klar nachweisen, dass Rechnungen nur für die rechte Seite des Lokals ausgestellt werden."

Billiger Sekt

In einer Volksschule fand ein Hearing für die Besetzung des Direktorpostens statt. Ein Finanzbeamter war Mitglied des Elternvereins und in dieser Funktion beim Hearing als Zuhörer anwesend. Da die Favoritin unter den Anwärterinnen sich schon als Siegerin und künftige Direktorin sah, lud sie die Mitglieder des Elternvereins spontan auf eine Flasche Sekt ein. Und so traf sich die Runde unmittelbar nach dem Hearing in einem Lokal in einem belebten Einkaufszentrum der Landeshauptstadt. Die Kellnerin nahm die Bestellung auf und sagte wörtlich: „Schwarzpreis 25 Euro, Normalpreis 30 Euro." Als sie keine Antwort erhielt, fragte sie völlig ungeniert: „Wollen Sie den Sekt jetzt mit oder ohne Umsatzsteuer bezahlen?" Die gesamte Lehrerschaft erstarrte vor Schreck und warf, wie von unsichtbarer Hand gesteuert, geschlossen einen Blick auf den ebenfalls anwesenden Finanzbeamten. Nach einer Schrecksekunde begann die ganze Runde lauthals zu lachen. Darauf die Kellnerin, schon etwas genervt: „Na, was ist los? Wollen Sie den Sekt jetzt schwarz oder weiß?" Dem Vernehmen nach hat die zukünftige Frau Volksschuldirektorin das günstigere Angebot nicht ausgeschlagen. Den geneigten Leser wird jedoch nicht überraschen, dass die Kellnerin bald darauf Besuch von einem anderen Betriebsprüfer bekam, der zwar lange im Lokal verweilte, aber absolut nichts trank.

In (g)astronomischer Höhe

Die Wirtin eines in der Nähe einer österreichischen Landeshauptstadt gelegenen Berggasthofes hatte sich von ihrem Lebensgefährten getrennt, was diesen dazu veranlasste, sie anonym beim Finanzamt anzuschwärzen. Und dabei wurde geklotzt und nicht gekleckert. Der Anzeige beigefügt waren nämlich Kopien von exakten Aufzeichnungen über die in einem bestimmten Zeitraum erzielten Tageseinnahmen. Aus diesen Aufzeichnungen war aber auch ersichtlich, dass die Gastwirtin täglich einen nicht gerade geringen Teil der Einnahmen „schwarz" erzielt hatte. Im Durchschnitt handelte es sich dabei um ein „Körberlgeld" von rund der Hälfte der Einnahmen. Die am Finanzamt vorbeigeschleusten Beträge erkannte man in den Unterlagen daran, dass sie fein säuberlich eingekreist waren. So hatte die Wirtin etwa an einem wolkenlosen Sonntag im Februar (ja, auch die jeweilige Wetterlage war aus den Aufzeichnungen ersichtlich) Einnahmen von 2.151,80 Euro erzielt. Einen Betrag von 1.000 Euro hatte sie eingekreist und somit dem Finanzamt vorenthalten. Aus den Aufzeichnungen war aber weiters ersichtlich, dass die beiden Kellner, nennen wir sie Herbert und Monika, zumindest teilweise „schwarz" entlohnt worden waren. Von den 1.000 Euro hatte die Gastronomin nämlich 344 Euro an Herbert und 128 Euro an Monika ausbezahlt, sodass ihr tatsächlich noch ein Betrag von 528 Euro verblieben war, welchen sie als steuerfreien Nebenverdienst eingestreift hatte. Zu den 344 Euro für Herbert kommt selbstverständlich auch noch das (tatsächlich steuerfreie) Trinkgeld, sodass, obwohl es sich bei den 344 Euro um den Schwarzlohn für mehrere Tage gehandelt hatte, wohl von einem fürstlichen Nebeneinkommen Herberts auszugehen ist. Doch das böse Erwachen, zumindest für die Gastronomin, folgte auf dem Fuß: Sowohl ein Betriebsprüfer als auch ein Lohnsteuer- und Sozialversicherungsprüfer begaben sich gleichzeitig mit dem Sessellift hinauf in schwindelerregende Höhen, um das Gasthaus, das ebenso schwindelerregende Erträge abwarf, näher zu durchleuchten. Dieses Unterfangen stellte sich für die Prüfer als nicht besonders schwierig heraus, war doch auf Grund der exakten Aufzeichnungen der Wirtin nicht an deren Richtigkeit zu zweifeln. Im Finanzamt brach Jubel aus, hatte man doch endlich einmal absolut korrekte Aufzeichnungen eines Gasthauses erhalten.

Daher war es nicht weiter verwunderlich, dass auch die übrigen Gastronomiebetriebe auf dem Ausflugsberg einer Betriebsprüfung unterzogen wurden. Das Finanzamt ging dabei von einer ähnlichen Kundenstruktur, einem ähnlichen Kundenverhalten und somit von ähnlichen Umsätzen pro Tisch aus. Selbstredend konnten diese Betriebsprüfungen ebenfalls recht erfolgreich abgeschlossen werden. Doch zurück zu unserer Gastronomin: Die Betriebsprüfung hatte zur Folge, dass nicht nur die bereits entrichtete Umsatz- und Einkommensteuer empfindlich erhöht wurden. Nein, auch zusätzliche Lohnsteuer, Dienstgeber- und Krankenkassenbeiträge (Letztere nicht nur für das Personal, sondern auch für die Chefin selbst) wurden fällig. Herbert und Monika wird dies zwar wenig gekümmert haben, denn für die Nachforderung der lohnabhängigen Abgaben haftete selbstverständlich die Wirtin. Zu allem Überfluss klopfte dann noch ein weiterer Beamter an die Tür des Berggasthofes, nämlich der Strafreferent, der sich nicht nur über eine schöne, vom Finanzamt bezahlte Fahrt mit dem Sessellift, sondern auch über eine kleine dienstliche Wanderung durch bunte Frühlingswiesen und ein paar Arbeitsstunden in luftiger Höhe freute. Was folgte, war eine empfindliche Geldstrafe. Nach Abschluss der Strafverhandlung – gewissermaßen beim Smalltalk – hatte die Wirtin, eine große, elegante, gepflegte und attraktive Dame, unter anderem den Namen ihres ehemaligen Lebensgefährten erwähnt, von dem die anonyme Anzeige stammen müsse. Denn nur er, so die Wirtin, hätte Zugang zu den geheimen Aufzeichnungen gehabt. Da aber auch er bereits mehrfach mit dem Strafreferenten Kontakt gehabt hatte – es handelte sich übrigens ausschließlich um berufliche Kontakte – erlaubte sich der Beamte die Bemerkung, dass dieser Mann, ein ungehobelter Klotz mit einer furchterregenden Stimme, ein echter Landmann, dem im Zuge eines Streits durchaus ein kalter Gruß aus Solingen zuzutrauen wäre, so ganz und gar nicht zu ihr passe. Darauf verlor die feine Dame ihre Contenance und plötzlich platzte es aus ihr heraus: „Was glauben Sie, weshalb ich mich von diesem Trottel getrennt habe?“

Das Finanzamt war schließlich außer bei den örtlichen Gastwirtskollegen der Dame noch an einer weiteren Nebenfront erfolgreich. Wie der in Steuerangelegenheiten mittlerweile geschulte Leser der „G'schichten vom Finanzamt“ längst ahnt, konnte das üble Spiel der Wirtin nicht ohne „Schwarzeinkäufe“ funktionieren. Es wird daher nicht weiter verwundern, dass das Finanzamt auch ein paar Fleisch verarbeitenden Betrieben sowie Gemüse- und Getränkehändlern drunten im Tal einen unangenehmen Besuch abstattete und diese ebenso zur Kasse bat. Aber das ist eine andere Geschichte.

Verloren

An einem vielbefahrenen Radweg am Rande einer Landeshauptstadt betrieb ein Unternehmer einen sogenannten Radlertreff. Gekühlte Getränke, köstliche Salate und nicht minder schmackhafte kalte Platten fanden bei den Radfahrern reißenden Absatz. Einziger Schönheitsfehler war, dass der aufstrebende Unternehmer das Finanzamt an seinem wirtschaftlichen Erfolg nicht hatte teilhaben lassen, soll heißen, dass das

Lokal schwarz betrieben wurde. Das ging eine Zeit lang gut. Doch dem Wirt offenbar nicht wohlgesonnene Nachbarn zeigten ihn beim Finanzamt an. Im Zuge der folgenden Betriebsprüfung brachte der Wirt vor, er habe nicht gewusst, dass er Steuern zahlen müsse. Er habe nämlich auch eine kleine Landwirtschaft und daher geglaubt, alles sei mit der Pauschalierung abgegolten. Dies, so das Finanzamt, möge beim selbsterzeugten Apfelmost und beim Geselchten wohl der Fall sein, aber dass er im Rahmen seiner Landwirtschaft auch Colagetränke und Bier erzeuge, sei doch etwas ungewöhnlich und aus der Aktenlage nicht erkennbar, argumentierte das Finanzamt. Kurz und gut, die Betriebsprüfung endete mit einer ordentlichen Steuervorschreibung und auch eine Strafe wegen Abgabenhinterziehung wurde ausgesprochen.

Einige Jahre später – der Betrieb florierte immer noch bestens – fand die nächste Betriebsprüfung statt. Das nach wie vor gespannte Verhältnis des Unternehmers zum Finanzamt wurde insofern deutlich, als die Abgabenerklärungen für zwei der zu prüfenden drei Jahre nicht eingereicht worden waren. Angeblich waren sie auf dem Postweg verlorengegangen. Nun ist es natürlich nicht völlig ausgeschlossen, dass auch die gute alte Post einmal etwas verliert. Dass aber insgesamt vier Erklärungen, nämlich jene für die Umsatz- und die Einkommensteuer für zwei Jahre, die noch dazu zu völlig verschiedenen Zeitpunkten angeblich versandt worden waren, auf dem Postweg verlorengehen, nun, dies erschien dem Finanzamt doch als etwas unwahrscheinlich. Da dummerweise auch keine ordnungsgemäße Buchhaltung vorgelegt werden konnte, sah sich das Finanzamt gezwungen, die Bemessungsgrundlagen zu schätzen. Grundlage der Schätzung waren die bei einem Lebensmittelgroßhändler eingekauften Waren wie Fleisch, Brot und Getränke. Spätestens jetzt war klar, dass das im ersten Prüfverfahren vorgebrachte Argument, wonach einzig selbsterzeugte Produkte aus der eigenen Landwirtschaft verkauft worden wären, ins Reich der Fabel gehörte. Wie nicht anders zu erwarten war, erhob der Unternehmer gegen die von der Betriebsprüfung erlassenen Bescheide Berufung. Er habe nie und nimmer die vom Finanzamt behaupteten Einkäufe getätigt, zumindest nicht in der vom Finanzamt angenommenen Höhe. Nun muss der Leser wissen, dass man beim erwähnten Lebensmittelgroßhändler nur einkaufen kann, wenn man im Besitz einer speziellen Einkaufskarte ist. Anhand dieser Karte die getätigten Einkäufe nachzuweisen, erwies sich selbstredend als Kinderspiel. Doch so schnell gab der Unternehmer nicht auf. Er habe die Karte nämlich verloren und folglich müsse ein ganz übler Zeitgenosse mit seiner Karte und unter seinem Namen eingekauft haben. Wie nicht anders zu erwarten war, konnte der Wirt dem Ersuchen des Finanzamtes, eine polizeiliche Verlustanzeige vorzulegen, nicht nachkommen. Dies veranlasste den zuständigen Beamten zu folgender Feststellung: „Sie sind tatsächlich vom Pech verfolgt. Denn der Finder Ihrer Karte hat über einen längeren Zeitraum hinweg exakt dieselben Waren eingekauft wie Sie, bevor Sie die Karte verloren haben. Wahrscheinlich betreibt auch er so einen Radlertreff wie Sie." Den Leser wird nicht besonders überraschen, dass der Unternehmer nach der Einkaufskarte auch noch das Berufungsverfahren verloren hat und dass er neuerlich wegen Abgabenhinterziehung bestraft worden ist.

Nur indirekt mit dem Finanzamt haben die beiden folgenden Geschichten zu tun.

Gut getrunken, gut verdient

Es mag wohl schon an die 30 Jahre her sein, dass Finanzbeamte einen Betriebsausflug in die damalige Tschechoslowakei unternahmen, der sie unter anderem nach Budweis führte. Das köstliche Budweiser Bier schmeckte hervorragend und war zum sensationellen Preis von umgerechnet einem Schilling pro Flasche wohlfeil. Müßig zu erwähnen, dass sich die Kollegen ordentlich mit diesem weltberühmten Getränk eindeckten. Über die genaue Zahl der solcherart erworbenen Bierflaschen kann heute nur mehr spekuliert werden. Allzu weit von einer dreistelligen Summe entfernt dürfte man sich jedoch nicht bewegt haben.

Jedenfalls war die Heimreise mehr als feuchtfröhlich. Und obwohl die nach Österreich eingeführte Biermenge beachtlich war, wurde das Bier selbstverständlich nicht geschmuggelt. Eine Strafbarkeit wurde nämlich nicht ausgelost, da ja der Großteil noch auf tschechoslowakischem Staatsgebiet getrunken wurde. Und das Bier, das sich im Körper befindet, ist selbstredend zollfrei. Der Genuss war ein doppelter: Zum einen, weil das Bier wirklich hervorragend schmeckte, und zum anderen, weil die Beamten in Österreich die leeren Flaschen tags darauf beim nächsten Supermarkt zurückgaben und dafür einen Schilling und 20 Groschen pro leerer Flasche an Pfand erhielten.

Die hohen Herren und das Bier

Es galt, ein neues Finanzamt zu eröffnen. An einem heißen Junitag war, dem hohen Anlass entsprechend, sogar der Finanzminister angereist, in seinem Tross auch einer seiner Sektionschefs. Standesgemäß waren die beiden mit dem schwarzen Dienst-Mercedes und selbstverständlich mit dem Chauffeur des Ministers unterwegs. Die Bediensteten des Finanzamtes, vom Amtsvorstand bis zum Portier, lauschten den Ansprachen, das Band wurde durchschnitten, die Blasmusik spielte auf und es gab sogar ein Buffet, wenngleich keines mit Lachs oder gar Kaviar. Nein, nicht einmal gewöhnlichen Schweinsbraten oder Schinken hatte man aufgeboten. Es handelte sich eher um ein für die Finanz typisches Buffet mit Aufstrichen, die einige Kolleginnen selbst auf das in einer nahegelegenen Bäckerei gekaufte Schwarzbrot geschmiert hatten. Einer der Organisatoren, ein Personalvertreter, hatte offenbar beste Kontakte zu einer Brauerei und so war es ihm gelungen, gegen Aufstellung eines entsprechenden Werbeplakats ein Fass besten Gerstensafts unentgeltlich zu organisieren. Wenngleich das Buffet somit eher bescheiden und keineswegs mit dem vergleichbar war, was der Minister und die übrigen hohen Herren von anderen Festivitäten gewohnt gewesen sein mochten, so langten sie doch kräftig zu. Und auch das gute steirische Bier schien ihnen zu munden.

Für die anwesenden Bediensteten, die wohl noch nie einen Minister gewissermaßen „zum Angreifen" nah gesehen hatten, war es durchaus angenehm zu beobachten, dass zwischen dem Minister und seinem Sektionschef die Chemie offenbar bestens stimmte, hatten sich die beiden doch nicht nur geduzt, sondern sich wie gute Freunde unterhalten. Als Außenstehender konnte man hautnah miterleben, dass die noble Zurückhaltung deren Sache nicht war. Vielmehr gaben sie sich so, wie sich das gemeine Volk in feuchtfröhlichen Runden üblicherweise auch gibt, derbe Sprüche eingeschlossen.

Irgendwann, nach dem zweiten oder dritten Krügerl – es war ja ein heißer Junitag – verkündete der Minister, dass er nun wohl werde abfahren müssen. Und dann wörtlich zu seinem Sektionschef gewandt: „Weil sonst muss ich wegen dir immer stehenbleiben."

Prompter Konter des ihm unmittelbar unterstellten Sektionschefs: „Wegen mir hast noch nie stehenbleiben müssen, und wenn ich mich anschiffe." Darauf der schlagfertige Minister: „Jaja und das in meinem Auto."

Kapitel 16:

Die humorvollen Höchstrichter

Das Heißwasser

Auch Prüfer können manchmal über das Ziel hinausschießen, wie jenes legendäre Erkenntnis des Verwaltungsgerichthofs (vom 28.10.1994, 91/17/064) zeigt, dem zufolge ein Getränkesteuerprüfer partout nicht einsehen wollte, dass es in unseren Breiten absolut unüblich ist bloßes Heißwasser zu trinken.

In einer Tiroler Almhütte war Heißwasser zur Zubereitung von Getränken verkauft worden, das, so der Prüfer, der Getränkesteuer zu unterziehen gewesen wäre. Nachdem dieser einen entsprechenden Bescheid erlassen hatte, bestritt der Abgabepflichtige im Berufungsweg die darin geäußerte Rechtsauffassung und der Fall ging bis zum Verwaltungsgerichtshof.

Die Tiroler Landesregierung als belangte Behörde brachte unter anderem vor, dass es keiner weiteren Ausführungen bedürfe, dass Heißwasser verkehrsüblicherweise „zum Trinken", namentlich zur Stillung des Durstes verwendet werde. Die individuelle Verwendung des Heißwassers – zur Zubereitung eines allenfalls anderen Getränkes, etwa von Tee – sei demgegenüber nicht von Bedeutung.

Die hohen Richter des Verwaltungsgerichtshofs bewiesen, dass sie durchaus Sinn für Humor haben, und führten hierzu wörtlich aus: „Für eine Gewohnheit des (bloßen) Heißwassergenusses fand sich allerdings in langjährigen Beobachtungen einzelner Senatsmitglieder über Trinkgewohnheiten auf Hochgebirgshütten, insbesondere auch in Tirol, kein Anhaltspunkt. Eine solche ist selbst aus der unmittelbaren Nachkriegszeit nicht erinnerlich. Auch in der Alpin-, Brauchtums- und Kochbuchliteratur war ein überzeugender Hinweis auf die Üblichkeit dieses Genusses nicht zu finden. Es ist den Mitgliedern des Senates auch kein lokaler Brauch des Heißwassertrinkens bekannt geworden, durch den etwa eine besondere Naturverbundenheit zum Ausdruck gebracht würde, dessen Pflege sich sowohl die Einheimischen als auch Touristen in so nennenswerter Zahl verschrieben hätten, dass gesagt werden könnte, das heiße Wasser würde üblicherweise zum Trinken verwendet. Sollte sich also auch das eine oder andere Mal ein Hochgebirgstourist dem Genuss unveränderten Tiroler Heißwassers hingeben, so ließe dies noch keineswegs einen Schluss auf die Verkehrsüblichkeit eines solchen Trunkes oder gar auf eine übliche Trinkgewohnheit zu."

Somit wurde nun von allerhöchster Stelle beschieden, dass bloßes Heißwasser kein Getränk im Sinne des Tiroler Getränke- und Speiseeissteuergesetzes ist und es somit nicht getränkesteuerpflichtig war.

Kapitel 17

Dienst ist Dienst und Schnaps ist Schnaps, oder doch nicht?

Auf frischer Tat ertappt

Besonderes Pech hatte ein Steuerpflichtiger, der vom Strafreferenten auf frischer Tat ertappt wurde. Und das kam so: Der Strafreferent war mit seiner Familie auf einer Urlaubsreise von der Steiermark nach Tirol. In der Obersteiermark wurde bei einem Gasthaus Rast gemacht. Just in dem Moment, als die Familie das Lokal betreten wollte, erblickte der Strafreferent einen Mann, der aus seinem Auto mit einem Kennzeichen aus dem Finanzamtsbereich des Strafreferenten ausstieg und mit einigen großen, mit Schnaps gefüllten Flaschen – es dürfte sich um 10 bis 15 Liter gehandelt haben – in das Gasthaus ging. Offensichtlich war er dabei das Gasthaus zu beliefern. Nachdem der Strafreferent das Geschehen interessiert beobachtet hatte, sprach ihn der Mann an und fragte ihn, ob er nicht auch die eine oder andere Flasche besten steirischen Obstlers bei ihm kaufen wolle.

Um ihm die Sache im wahrsten Sinne des Wortes schmackhaft zu machen, schüttete ihm der geschäftstüchtige Landwirt ein paar Tropfen des wirklich gut riechenden Obstlers auf den Handrücken. Doch der derart Umworbene lehnte mit der Begründung ab, dass er erstens noch fahren müsse und zweitens im Sommerurlaub sicher keinen Schnaps brauche. Er setzte seine Fahrt fort, nicht jedoch, ohne sich das Kennzeichen des Schnapsverkäufers notiert zu haben.

Der Schnaps muss wirklich von höchster Qualität gewesen sein, denn am Urlaubsort angekommen, duftete der Handrücken noch immer recht intensiv.

Doch auch der schönste Urlaub geht einmal zu Ende und so kam es, wie es kommen musste: Wieder im Amt, war es eine Kleinigkeit, an Hand des Kennzeichens die Identität des Schnapsverkäufers festzustellen und gegen ihn ein Finanzstrafverfahren einzuleiten. Als steuerlich begünstigtem Hausbranderzeuger war es ihm lediglich erlaubt, 30 Liter Schnaps mit 50 Volumsprozent nur für den Eigenverbrauch zu erzeugen. Ein Verkauf des Selbstgebrannten war somit untersagt. Bei der Beschuldigteneinvernahme brachte der Landwirt vor, dass er eine teure Autoreparatur habe bezahlen müssen und er sich auf diese Weise ein kleines Zusatzeinkommen habe verschaffen wollen. Im behördlichen Finanzstrafverfahren ist ja der Einzelbeamte „Ankläger", „Richter" und „Vollzugsorgan" zugleich. Im konkreten Fall war er auch noch Zeuge. Letztlich wurde der Landwirt nach dem Finanzstrafgesetz bestraft und darüber hinaus wurde ihm das Brennereirecht entzogen. Somit war es ihm für die nächsten Jahre verwehrt, legal Schnaps zu brennen.

Es ist müßig zu erwähnen, dass auch eine Kontrollmitteilung an das für das Gasthaus zuständige Finanzamt verfasst wurde. Es kann davon ausgegangen werden, dass sich der Betriebsprüfer ziemlich intensiv für den entsprechenden Wareneinkauf und auch für den darauf entfallenden Umsatz interessiert hat.

Behördlich autorisierter Schwarzbrenner

Die folgende Geschichte spielte sich irgendwann nach dem Weltkrieg im Tiroler Oberland ab. Die Steueraufsichtsbeamten hatten bereits Jahre zuvor – es muss unmittelbar nach Kriegsende gewesen sein – 80 Liter Schnaps beschlagnahmt. Bei der Oberbehörde war der Fusel in Vergessenheit geraten und so waren die ganzen 80 Liter in der Steueraufsichtsstelle im Lauf der Zeit auf unerklärliche Weise irgendwie „verdunstet". Bei näherer Betrachtung war die Situation ja auch verständlich, waren doch die Winter im Tiroler Hochgebirgsland streng, die Amtsstuben zu jener Zeit schlecht beheizt, und der Schnaps hatte seit undenklichen Zeiten eine wärmende Funktion. Doch plötzlich nach Jahren, niemand hatte sich im Finanzamt mehr an den Branntwein erinnert, forderte die Finanzlandesdirektion in Innsbruck das corpus delicti an. Nun war guter Rat teuer. Der Steueraufsichtsbeamte fasste sich ein Herz und erklärte die Situation einem von ihm zu kontrollierenden gewerblichen Schnapsbrenner. Schließlich kam man überein, dass der Unternehmer für die Beamten 80 Liter Schnaps unentgeltlich brennt, damit diese ihn an Stelle des nicht mehr vorhandenen an die Finanzlandesdirektion schicken können. Der Brenner nutzte die Notsituation des Beamten aus und brannte sozusagen unter staatlicher Aufsicht auch für sich eine ordentliche Menge mit. Schwarz, versteht sich. Das war starker Tobak, hat sich der Fall doch zu einer Zeit ereignet, als vor allem die ländliche Bevölkerung unter dem „Finanzer“ nicht den peniblen Betriebsprüfer, sondern den gestrengen Steueraufsichtsbeamten der Verbrauchsteuerstelle verstand. Ein solches Verhalten führt zu massiven dienst- und wohl auch strafrechtlichen Konsequenzen. Aber die Taten sind nicht nur verjährt, es sind auch die beiden Akteure, die der Verfasser dieser Zeilen noch persönlich gekannt hat, längst tot.

Auf der Alm, da gibt's ka Sünd

Ein leitender technischer Angestellter hatte sich in mühevoller Kleinarbeit ein kleines, mobiles Schnapsbrenngerät gebastelt. Als das Gerät fertig war, erklomm er mit ein paar Freunden einen Berg, um in der Almhütte abends in feuchtfröhlicher Runde eifrig zu brennen und das Destillat zu verkosten. Die Ausbeute bewegte sich allerdings in einem äußerst geringen Bereich und ist über Fingerhutdimensionen kaum hinausgegangen. Da der Mann aber nicht nur Freunde hatte, wurde er angezeigt. Klarerweise hatte das Finanzamt abends geschlossen und so wurde die Anzeige bei der Polizei eingebracht, die nächtens ebenfalls den Berg erklommen und den „Schwarzbrenner“ auf frischer Tat betreten hat. Beim Erscheinen der Exekutivorgane nahm die feuchtfröhliche Feier ein jähes Ende. Der Mann wurde höflich, aber bestimmt gebeten, die Polizeibeamten auf den Posten zu begleiten. Als die Amtshandlung vorbei war, graute bereits der Morgen. Das Schicksal nahm seinen Lauf und der Strafreferent erhielt eine Tatbeschreibung. Zur größten Überraschung und wohl auch zum Ärger der Steueraufsichtsbeamten, die mangels einer Bestrafung dem Mann nicht das Brennereirecht entziehen konnten, stellte er das Finanzstrafverfahren ein. Die Begründung war einleuchtend: Die Finanzstrafbehörde hat nämlich gemäß § 25 Finanzstrafgesetz von der Verhängung einer Strafe abzusehen, wenn das Verschulden des Täters geringfügig ist und die Tat keine oder nur unbedeutende Folgen hat. Möglicherweise hatte sich der Strafreferent aber auch bloß an den Spruch erinnert, wonach es „auf der Alm koa Sünd gibt“.

Eine schier unglaubliche Geschichte ereignete sich in einem obersteirischen Finanzamt.

Grenzenlose Naivität oder genialer Schachzug?

Eine Anzeige war eingelangt, wonach ein Hüttenwirt in seiner auf rund 1.900 Meter Seehöhe gelegenen Almhütte zünftige Speckjausen und, wie es sich für eine richtige Hütte eben gehört, auch das eine oder andere (wohl nicht ganz legal erworbene) Schnapserl und andere alkoholische Getränke verkaufe. Daher wurde ein Erhebungsbeamter zur Hütte geschickt, der feststellte, dass der Anzeigeninhalt tatsächlich stimmte.

Der Wirt hatte es allerdings verabsäumt, zwecks Entrichtung eines staatlichen Obolus Kontakt mit der Finanzverwaltung unten im Tal aufzunehmen. Der gute Mann, ein wahrer Naturbursch, war daher, obwohl weit jenseits der Baumgrenze angesiedelt, so etwas wie ein steuerliches U-Boot.

Nach einer entsprechenden Prüfung wurde auch ein Finanzstrafverfahren eingeleitet. In Anbetracht der Umstände – es handelte sich bei den Betreibern der Hütte um ein Pensionistenehepaar und die Steuernachzahlung war nicht besonders hoch ausgefallen – hatte sich der Strafreferent bereits mit dem Gedanken getragen, keine Geldstrafe zu verhängen, sondern lediglich eine Verwarnung auszusprechen.

Der Hüttenwirt, ein wahrer Hüne, erschien mit einem Filzhut (Gamsbart inklusive), Lodenjanker, lederner Knickerbocker, dicken Wollsocken und festen Schuhen, kurzum in einem Outfit, das, nicht zuletzt wegen seines weißen Rauschebartes, an einen hierzulande bestens bekannten älplerischen Fernsehmoderator erinnert. Sein Händedruck war genauso kräftig wie seine Statur und seine Stimme.

Im Schlepptau hatte er seine Gattin, gekleidet in ein resches Dirndl. Der Strafreferent konnte sich des Eindrucks nicht erwehren, dass die beiden soeben der Kulisse eines Heimatfilms aus den 50er Jahren entstiegen waren. Nun, der Alpenrübezahl war geständig. Die Gattin, die das ganze Geschehen stillschweigend verfolgte, hat lediglich beim Geständnis des Hüttenwirtes zustimmend genickt.

Auf die Frage, weshalb er keinerlei Anstalten gemacht habe, Steuern zu entrichten, antwortete der Bergfex mit der Gegenfrage, dass er nicht einsehe, weshalb er denn überhaupt Steuern zahlen müsse. Es habe ihm nämlich jemand gesagt, dass es ab 1.500 Meter Seehöhe keine Steuerpflicht mehr gäbe. Das wiederum versetzte den Strafreferenten in helles

Erstaunen, sodass er den guten Mann auf die gerade in einem Fremdenverkehrsland wie Österreich nicht gerade geringe Zahl von Hochgebirgshotels und Schihütten hinwies, die bei konsequenter Weiterführung dieses eigenartigen Gedankens wohl alle vollkommen steuerfrei wären.

Nach einigen Sekunden betretenen Schweigens gab der Hüttenwirt schließlich wörtlich zu Protokoll: „Wenn ich den derwisch, der mir das gesagt hat, dann wasch ich ihm eine!“

Nun war dies zumindest aus finanzstrafrechtlicher Sicht keinesfalls nötig, denn das Finanzstrafverfahren wurde eingestellt, wohl mit der Begründung, dass der Mann da oben in seinen Bergen offenbar in einer völlig anderen Welt gelebt hatte und dass eine vorsätzliche Handlungsweise nicht nachweisbar war. Ja, nicht einmal Fahrlässigkeit war gegeben, da fahrlässig nur der handelt, der die ihm nach seinen geistigen und körperlichen Verhältnissen zumutbare Sorgfaltspflicht außer Acht lässt. Lehre und Rechtsprechung haben den Grundsatz geprägt, dass dort, wo sich Anhaltspunkte dafür ergeben, dass der Täter den objektiven Sorgfaltsanforderungen wegen körperlicher oder geistiger Mängel, Verstandeslücken, Wissens- und Erfahrungsmängeln etc. nicht nachkommen konnte, das Fehlen der Fahrlässigkeit anzunehmen ist. Bei der Beurteilung der Frage, ob der Hüttenwirt die Abgaben fahrlässig verkürzt hatte, waren somit vor allem der Bildungsgrad des Täters, seine Stellung im Wirtschaftsleben (an welchem er wohl nur im äußerst eingeschränkten Umfang teilgenommen hatte) und die Kenntnis des Abgabenrechts heranzuziehen, sowie allgemein verbreitete irrige Rechtsauffassungen und Veröffentlichungen in der Presse. Im konkreten Fall hat die Finanzstrafbehörde aufgrund der besonderen Umstände dem Beschuldigten insofern Glauben geschenkt, als sie offenbar von der Existenz des „großen Unbekannten“ ausging.

Es ist natürlich nicht völlig auszuschließen, dass der gute Mann es dem „Gstudierten aus der Stadt“ einfach nur zeigen wollte und ihm mit seiner Verteidigungsstrategie tatsächlich ein genialer Schachzug gelungen war. Die Wahrheit wird wohl ewig im Verborgenen bleiben.

Ein Trottel?

Der Sommer war extrem heiß und demgemäß war es ein außerordentlich gutes Weinjahr. Und auch Äpfel, Birnen und Zwetschken gediehen prächtig, sodass die Schnapsbrenner mit der besonders süßen Maische ihre helle Freude hatten. Dennoch gab es in einem Finanzamtsbezirk insgesamt vier Landwirte, die im Verdacht standen, die Maische zwecks noch besserer Ausbeute verbotenerweise aufgezuckert zu haben.

Die Maische wurde zur Überprüfung an die technische Untersuchungsanstalt in Wien geschickt und dort wurde festgestellt, dass sie tatsächlich aufgezuckert worden war. Somit schrieb das Finanzamt die höhere Branntweinabgabe vor. Gleichzeitig wurden gegen alle vier Landwirte Finanzstrafverfahren durchgeführt. Der Vertreter der Landwirtschaftskammer sprach beim Strafreferenten vor und brachte vor, dass der Zuckergehalt der Maische aufgrund der außerordentlich guten

Wetterlage eben höher gewesen sei als in gewöhnlichen Jahren. Außerdem seien vermutlich die Maischeproben vertauscht worden. Die von ihm betreuten Landwirte hätten ganz bestimmt nicht aufgezuckert. Der Beamte erwiderte, dass erstens ein entsprechendes Gutachten vorliege, zweitens die Verwechslung bei allen vier Landwirten doch äußerst unwahrscheinlich sei und drittens ein Landwirt die Aufzuckerung ja bereits gegenüber den Steueraufsichtsbeamten zugegeben hätte. Darauf entgegnete der Kammervertreter im tiefsten oststeirischen Dialekt: „Ja, wenn er es zugegeben hat, dann ist er ein Trottel."

Dennoch fand die Geschichte für die Landwirte ein gutes Ende. Mittlerweile hatte zwar bereits die Finanzlandesdirektion im Fall eines anderen Finanzamtes abgabenrechtlich eine abweisende Berufungsentscheidung erlassen. Doch in diesem Fall hatte ein nach neuesten wissenschaftlichen Erkenntnissen erstelltes Gutachten ergeben, dass eine Aufzuckerung der Maische nicht mit hundertprozentiger Sicherheit nachweisbar sei. Dies wiederum führte dazu, dass das Bundesministerium für Finanzen die Berufungsentscheidung der Finanzlandesdirektion im Aufsichtsweg aufhob. Somit war dem Finanzstrafverfahren im Hinblick auf die Nichtbeweisbarkeit eines strafbaren Verhaltens der Boden entzogen. In der Folge wurden die vier Finanzstrafverfahren eingestellt und zwar auch jenes gegen den Landwirt, der die Aufzuckerung bereits zugegeben hatte. Dies mag zwar verwundern, ist jedoch im Hinblick auf die die Behörde treffende Verpflichtung zur materiellen Wahrheitsfindung verständlich. Demnach ist ein Geständnis allein noch kein Grund für eine Bestrafung. Denn es soll ja auch schon falsche Geständnisse gegeben haben.

Kapitel 18

In Südeuropa

Nur ein paar Oliven

Im Rahmen eines EU-Projektes namens Fiscalis hatten zwei österreichische Finanzbeamte in Italien Gelegenheit mitzuerleben, wie die italienischen Kollegen von der Guardia di Finanza Betriebsprüfungen durchführen. Geprüft wurde ein weltberühmtes Hotel in Rom. Die Schlussbesprechung hatte um 9 Uhr morgens begonnen und sich bis 15 Uhr hingezogen. Eine Pause wurde nicht gemacht. Der sichtlich stolze Manager hatte nach der Schlussbesprechung auf Befragen eines österreichischen Finanzbeamten, der anerkennend gemeint hatte, dass er wohl das beste Hotel der Stadt führe, bemerkt: „No Signore, es ist nicht das beste der Stadt, auch nicht das beste Italiens, sondern das beste Europas und das fünftbeste auf der ganzen Welt."

Bei einer Führung durch die noblen Räume des Luxustempels konnten sich die Beamten davon überzeugen, dass der Manager keineswegs übertrieben hatte. Im Restaurant mit einem überwältigenden Blick über die Dächer der ewigen Stadt ergab ein weiterer Blick auf die Speisekarte, dass ein Mittagsmenü so um die 200 Euro kostete, selbstredend ohne Getränke. Und selbstverständlich waren die beiden italienischen Prüfer und die beiden österreichischen Kollegen vom Hotelmanager zum Essen eingeladen. Doch die Italiener nahmen nichts an, nicht einmal Vernunft. Und so saß man nach der Besichtigung noch bei einer Flasche Champagner und ein paar Oliven und mit krachendem Magen in der Hotelhalle. Irgendwie hatten die Österreicher den Eindruck, dass es sich dabei nicht um einen typisch italienischen Prüfungsabschluss handelte...

Das Finanzamt in der Kaserne

Die Guardia di Finanz ist uns vorwiegend durch die vor Lokalen durchgeführte Kontrolle der Scontrini (Kassenzettel) bekannt. Die Guardia di Finanza ist Teil des italienischen Heeres. An ihrer Spitze steht ein dem Finanzminister unterstellter General. Die der Guardia di Finanza zugehörigen Betriebsprüfer sind daher in Kasernen untergebracht, wo auch der Parteienverkehr stattfindet. Das Militär führt aber nicht nur die Kontrolle der Kassenzettel durch, sondern (neben den allgemeinen Finanzämtern) in besonders heiklen Fällen auch Betriebsprüfungen. Deren Ablauf ist durchaus erwähnenswert:

Es erfolgt prinzipiell keine Anmeldung der Prüfung. Das bei uns gesetzlich vorgeschriebene Anmelden einer Prüfung (vgl. § 148 Absatz 5 Bundesabgabenordnung, BAO, „tunlichst eine Woche vorher") ist nicht nur von Gesetzes wegen ausgeschlossen, sondern würde für das entsprechende Organ nicht nur disziplinäre, sondern sogar strafrechtliche Folgen nach sich ziehen. Die in der österreichischen BAO normierte diesbezügliche Verpflichtung löst bei den Italienern nicht nur Kopfschütteln, sondern auch gewaltige Heiterkeit aus, denn „die Buchhaltung sei ja ohnehin in allen Fällen in bester Ordnung."

Am ersten Prüfungstag nehmen mindestens zehn Personen (je nach Größe des Betriebes) teil. Diese treten gleichzeitig beim Unternehmen, in den Betriebsstätten, in der Wohnung und am Ort der Belegaufbewahrung – dieser ist in der Steuererklärung bekanntzugeben – auf. Sämtliche Unterlagen werden beschlagnahmt und vor Ort, sofern möglich, in einen Raum gebracht, der jeden Tag versiegelt wird. Versiegelt werden zudem die Fenster, und zwar selbst dann, wenn sich das Büro im 20. Stock eines Hochhauses befindet. Vorschrift ist eben Vorschrift. In weiterer Folge wird die Prüfung von mindestens zwei Prüfern durchgeführt. Damit soll der in unserem südlichen Nachbarland große Bedeutung zukommenden Korruption ein Riegel vorgeschoben werden.

Nach Beendigung der Prüfung wird über das Prüfungsergebnis ein schriftlicher Bericht erstellt. Der Amtsschimmel scheint in Italien aber wesentlich lauter zu wiehern als bei uns. Es wird nämlich jede Seite des Berichts (und da können schon hunderte zusammenkommen) mit Stempel und Handzeichen aller an der Prüfung teilnehmenden Personen inklusive des Abgabepflichtigen versehen. Die Exemplare ergehen an die Oberbehörde, den Abgabepflichtigen, das Finanzamt für direkte Steuern und an das Finanzamt für indirekte Steuern. Ein Exemplar verbleibt natürlich bei der Guardia di Finanza.

Dass bei unseren südlichen Nachbarn mitunter strenge Vorschriften existieren, die aber oft augenzwinkernd ignoriert werden, sollen die folgenden Anekdoten zeigen.

Kein Scontrino bei der Finanza

Den österreichischen Beamten wurde ein italienischer Oberleutnant als Betreuer zur Seite gestellt, der sich während des gesamten Aufenthaltes rührend um sie kümmerte. Alter militärischer Tradition entsprechend, nehmen die Offiziere das Mittagessen im Offizierscasino ein. Selbstredend hatten auch die beiden Österreicher dort Zutritt. Nun muss man wissen, dass das Casino nicht vom Heer selbst, sondern von einem privaten Unternehmen geführt wird.

Die bereits erwähnte Kontrolle der Scontrini (Kassenzettel) erfolgt üblicherweise beim Konsumenten nach Verlassen des Lokals und hat den offensichtlichen Zweck festzustellen, ob die Einnahmen erfasst wurden. Voller Stolz hatte der Oberleutnant verkündet, dass im Vorjahr in ganz Italien bei Unternehmen 631.967 und bei Kunden 394.106 Scontrini überprüft worden waren, was insgesamt zu 147.272 Beanstandungen geführt hatte.

Doch interessanterweise wurden ausgerechnet im Offizierscasino, am Hauptsitz der Guardia di Finanza, keine Scontrini ausgestellt. Darauf angesprochen, erhob sich der Offizier, dem die Sache offensichtlich äußerst peinlich war, und holte die Scontrini für sich und seine Gäste höchstpersönlich an der Kasse ab.

Und wieder kein Scontrino ausgestellt

In einer kleinen Bar im Zentrum Roms hatten die Österreicher täglich ihren Cappuccino geschlürft und auch jedes Mal brav ihren Scontrino erhalten. Als sie nach einer Woche der Kellner fragte, ob sie denn auf Urlaub hier seien, gaben sie ihm zur Antwort, dass sie hier arbeiteten. Der Kellner war besonders neugierig (obwohl er bestimmt kein Finanzbeamter war) und wollte noch wissen, wo denn die beiden arbeiteten. Wahrheitsgemäß gaben sie die Guardia di Finanza an. Entweder war das Italienisch der beiden so schlecht, dass er sich das nicht hatte vorstellen können, oder er dachte an einen Scherz. Jedenfalls verweigerte er fortan unverständlicherweise die Herausgabe der Scontrini.

Brauchen denn die eine Rechnung?

Ein anderer Offizier, ein Capitano, hielt für die beiden Österreicher einen interessanten Vortrag über die Bekämpfung der in unserem südlichen Nachbarland ein schier unlösbares Problem darstellenden Steuerhinterziehung. Im Smalltalk kam die Rede einmal auf das Essen. Er habe einen guten Freund, der in der Nähe des Hotels der beiden Österreicher ein ausgezeichnetes Fischrestaurant betreibe. Es sei zwar ein einfaches Lokal, doch man speise dort ganz vorzüglich. Auch die Preise seien durchaus vernünftig. Nachdem die beiden Interesse gezeigt hatten, bestellte er auf deren Bitte hin telefonisch einen Tisch im Lokal seines Freundes und erklärte diesem, dass zwei österreichische Kollegen einmal vorzüglichen Fisch essen wollten.

Wie bereits erwähnt, lag die Hauptaufgabe des Capitano in der Vermeidung der Steuerhinterziehung, was den Wirt nicht daran hinderte, ihn zunächst einmal zu fragen, ob denn die beiden Kollegen eine Rechnung brauchten.

Am Abend fand dann das opulente Mahl statt. Um keine Missverständnisse aufkommen zu lassen, muss erwähnt werden, dass die Rechnung mittels Kreditkarte bezahlt wurde. Allerdings hatte der Wirt unaufgefordert einen erheblichen Nachlass gewährt.

Übrigens: Obwohl der Studienaufenthalt schon Jahre zurückliegt, erinnert sich der Verfasser dieser Zeilen noch heute an den wirklich exquisiten Fisch.

Of course it's cheaper

Die Familie eines österreichischen Finanzbeamten verbrachte ihren Sommerurlaub in Griechenland. Man hatte lediglich den Flug und einen Mietwagen gebucht; ein Hotel, so meinte man, würde sich schon finden. Doch in der Hochsaison waren gute Quartiere Mangelware, sodass man nach längerem Suchen mit einer eher bescheidenen Unterkunft, einem Privatquartier, vorliebnehmen musste. Die Dusche war im Freien, wollte man das Wasser wieder abdrehen, musste man einfach zwei schwere Ziegel auf den Wasserschlauch legen. Das „Zimmer“ entpuppte sich als riesiger Salon mit knarrenden Dielen, ein verstaubtes Museum, in dem allerlei Krimskrams herumlag, Plüschdecken und alte Puppen inklusive. Daher begab man sich auf die Suche nach einer etwas bequemeren Bleibe. Alsbald wurde man fündig. Das Hotel, eigentlich ein besseres Gasthaus, befand sich direkt am Strand. Die Zimmer verfügten sogar über eine Klimaanlage, wenngleich nur in der griechischen Variante in Form eines Ventilators über den Betten. Allein, die Zimmer waren allesamt belegt. Der „Hotelier“, ein äußerst freundlicher Grieche, der die allmählich aufkeimende Verzweiflung der Urlauber bemerkt hatte, lud die Familie zunächst auf ein Getränk ein. Man möge sich doch erst einmal ein bisschen entspannen. Nach einigen Minuten setzte er sich zur Familie und eröffnete ihr, dass er erst am nächsten Morgen über ein freies Zimmer verfüge. Eine Nacht werde man wohl noch in dem eher abenteuerlichen Quartier verbringen müssen. Tags darauf übersiedelte man und verbrachte dann einige Tage in dem „Hotel“. Als es vor der Abreise ans Zahlen ging, sagte der „Hotelier“ recht zögerlich, dass er jetzt eigentlich die Gäste und die Aufenthaltsdauer ins Gästebuch eintragen müsse, er machte aber keine Anstalten dies zu tun. Nach kurzer Überlegung meinte der Gast, wie gesagt ein österreichischer Finanzbeamter, dass er schon darauf verzichten könne, doch wolle er wissen, ob der Aufenthalt dann billiger sei. Daraufhin wurde der Grieche noch freundlicher und sagte: „Of course it's cheaper“. Der österreichische Finanzbeamte ersparte sich auf diese Art die Umsatzsteuer. Sein schlechtes Gewissen hielt sich in Grenzen, hatte er doch nicht seine eigene, sondern „nur“ die griechische Finanzverwaltung betrogen. Und spätestens jetzt wusste er auch, wer am ersten Tag die Getränke gesponsert hatte...